일주일이면 나도 생성 AI 전문가

# 일주일이면 나도 생성 AI 전문가

기초에서 고급 활용까지, 미드저니 수익화 솔루션

장민, 최유미, 김도종, 민진홍 지음

매일경제신문사

# 프롤로그

전통적으로 AI 분야에서 이미지는 생성의 대상이 아니라 처리
(Processing), 분석(Analysis), 복원(In-painting), 분류(Classification)과 예측
(Prediction)의 대상이었다. 컴퓨터 과학자들은 이미지를 가지고 다양
한 알고리즘을 만들어 이러한 일을 했지만, 이미지를 만드는 일,
이른바 그림을 그리는 창조적인 일은 컴퓨터가 아닌 인간만이 할
수 있는 창의적이고 독창적인 능력이라고 믿었다. 그러나 우리가
스마트폰을 이용해서 찍고 만들고 저장한 수많은 이미지/동영상
빅데이터 덕분에 이제 AI는 이미지를 만드는 일을 할 수 있게 되었
다. 이제부터 그림을 그리고 동영상을 만드는 일은 사람보다 기계
가 더 많이 하게 될 것이다.

2022년 11월, 챗GPT가 세상에 나오기 전부터 AI 기술을 활용
한 생성형 이미지는 조금씩 알려지기 시작했다. 대표적인 사례가
2022년 제이슨 앨런(Jason Allen)이 미드저니를 통해서 생성한 〈스페
이스 오페라 극장〉인데, 콜로라도 주립박람회 미술대회 디지털 아

트 부문 1위를 차지했다. 이후로 미드저니를 비롯한 생성형 이미지 AI 서비스들이 더욱 정교해지고 풍부해진 기능들로 업그레이드했다. 최근에는 이미지뿐 아니라 동영상까지도 생성형 AI로 만들어지고 있으니, 그 변화와 발전의 속도가 엄청나다고 할 수 있다.

역사적으로 보면 우리의 선조들은 이미지(그림)를 통해서 복잡한 메시지와 추상화된 관념 등을 전달하고자 했다. 원시시대 동굴벽화의 사냥 장면, 로마와 그리스 시대의 다양한 건축 양식 그리고 중세시대의 다양한 성화들은 그 시대와 이야기 속의 내용을 더욱 풍성하게 전달하는 역할을 하였다. 동시에 이를 통해 철학, 가치, 이념 등을 가르치는 역할을 했다.

현대에 와서는 컴퓨터와 IT의 발달을 통해서 디지털 아트의 혁명을 경험하고 있다. 디지털 트랜스포메이션(Digital Transformation, DX)은 경제와 비즈니스 영역에 한정된 것이 아니라 문화와 예술 영역으로 빠르게 적용되고 있다. 문화와 예술의 경계를 확장하고 있으며, 그중에서도 이미지 부분에서 우리 일상 속에서 중요한 역할을 하게 만들고 있다. 오늘날 우리는 스마트폰, 컴퓨터 그리고 다양한 디지털기기(VR기기 등)를 통해서 수많은 이미지와 영상을 접하고 있으며, 그것들을 통해서 다양한 정보와 지식을 얻고, 그를 통해서 감정, 경험 그리고 통찰을 나누고 있다.

무엇보다도, 이미지는 언어의 장벽을 허문다. 단순한 문장이나 글로는 표현하기 어려운 복잡하고 다양한 개념과 감정을 전달하는 데 매우 효과적이다. 직접적이고 감각적인 소통의 경로를 제공하는 데 언어보다 이미지가 훨씬 편하고 빠른 채널이다. 이미지는 보는 이에게 감정적 반응을 일으키며 때로는 천 마디의 말보다 더 강한 메시지를 전달할 수 있다. 특히, 최근 미디어 마케팅 영역에서 이미지의 역할은 더욱 커지고 있다. 디지털 전환 시대에 생성형 AI의 발전은 이를 더욱 강조하고 있다. 이미지 생성은 단순히 현실 세계의 묘사나 아름다운 그림을 그리는 것을 넘어서, 실제 세계에서 상상조차 할 수 없는 가상의 세계를 창조하는 힘을 갖게 되었다. 인간은 생성형 AI를 통해서 상상력과 창의력을 더욱 효과적이고 빠르게 구현할 수 있는 도구를 얻게 되었다.

IT업계의 많은 사람이 인터넷의 다음 단계로 생각하고 있는 메타버스 시장에서 이미지나 동영상 생성형 AI를 활용한 생성 현실(Generative Reality, GR)이 활용된다면, 훨씬 다양하고 풍부한 현실을 구현할 수 있고, 창작과 소통이 훨씬 저렴하고 빠르게 구현될 수 있을 것이다. 기존에 VR(Virtual Reality)나 MR(Mixed Reality)등에 GR로 메타버스를 보강한다면, 더 많은 창의적인 콘텐츠가 메타버스를 통해서 활용될 수 있을 것이다.

이 책을 통해, 독자 여러분은 생성형 AI와 프롬프트 엔지니어링을 활용해 이미지 생성의 기초부터 고급 기술까지 체계적으로 배우게 될 것이다. 특히, 이미지 생성을 위한 프롬프트를 하나씩 습득해 나가는 과정을 통해서 AI에 대한 이해는 물론이고, 엔지니어링의 과정에서 창의적인 이미지를 상상한 모습대로 만들 수 있는 자신감을 얻게 될 것이다. 그러는 과정에 이미지를 통해서 사람들과의 소통에서 어떻게 중요한 역할을 하게 되는지, 그리고 생성형 AI와 메타버스 시대에서 어떻게 더욱 중요한 역할을 할 것인지를 깨닫게 될 것이다.

바야흐로 생성형 AI를 통한 전산업의 대혁명이 시작되었다고 과언이 아니다. 이제 시작된 생성형 AI 시대에 여러분들은 여러분의 전문 활동 영역에서 언어 생성뿐 아니라 이미지 생성을 자유자재로 하는 능력을 키워야 비즈니스 영역에서 생존 경쟁력을 높일 수 있을 것이다. 더 다양한 지식과 함께 호기심과 상상력을 발휘해 창의력을 높여야 AI를 능가할 수 있으며, AI에 종속된 삶을 벗어날 수 있을 것이다. 독자 여러분들의 무운(武運)을 기원한다.

저자 일동

# 목차

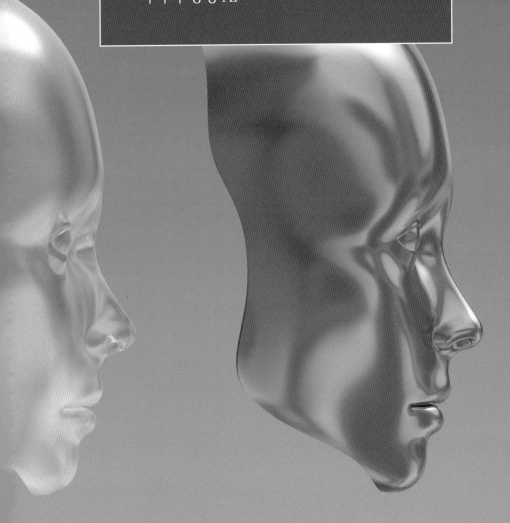

1장 _

인공지능의 새로운 물결,
이미지 생성 AI

# 인공지능과 머신러닝 그리고 생성형 AI

인공지능(人工智能) 또는 AI(Artificial Intelligence, AI)는 인간의 학습능력, 추론능력, 지각능력을 인공적으로 구현하려는 컴퓨터 과학의 세부 분야 중 하나다. 지능을 가진 기능을 갖춘 컴퓨터 시스템이며, 인간의 지능을 기계나 컴퓨터 등에 인공적으로 구현한 것이다.

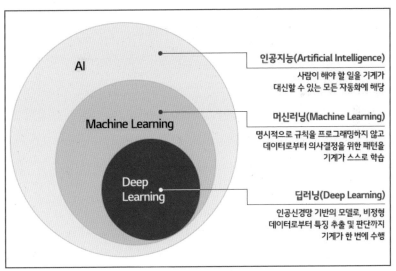

인공지능, 머신러닝 그리고 딥러닝의 비교
(출처 : 저자 작성)

또는 그와 같은 지능을 만들 수 있는 방법론이나 실현 가능성 등을 연구하는 과학 기술 분야를 말하기도 한다. 쉽게는 인간이 해야 할 일을 머신(Machine), 즉 기계가 대신할 수 있는 기술을 일컫는다.

머신러닝(Machine Learning)은 인공지능의 부분적인 개념으로, 명시적인 규칙을 프로그램하기보다는 데이터로부터 규칙을 만들어내는 기술이다. 초기 연구부터 통상적으로 생성 모델을 포함한 통계 모델을 사용해 데이터를 모델링하고 예측해왔다.

2000년대 후반, 딥러닝(Deep Learning)의 출현은 비정형 데이터를 포함해 이미지 및 비디오 처리, 텍스트 분석, 음성 인식 및 기타 작업의 발전과 연구를 주도했다. 그러나 대부분의 딥러닝 알고리즘은 컨벌루션 신경망(Converlution Neural Network) 기반 이미지 분류와 같은 작업을 수행하는 판별 모델로 훈련되었다.

2014년에는 배리에이셔널 오토인코더(Variational Autoencoder) 및 생성적 적대 신경망(Generative Adversarial Network)과 같은 발전을 통해 최초로 실용적인 심층 신경망이 탄생했다. 이미지와 같은 복잡한 데이터의 판별 모델에서 비로소 벗어난 것이다. 이러한 심층 생성 모델은 이미지에 대한 클래스 레이블뿐만 아니라 전체 이미지를 출력할 수 있는 최초의 모델이다.

2017년 구글에서 제안한 트랜스포머(Transformer) 네트워크는 생성형 모델을 발전할 수 있게 했고, 2018년에는 GPT(Generative Pre-trained Transformer, GPT, 사전 훈련된 제너레이티브 트랜스포머)를 처음으로 선보였다. 그 뒤를 이어 2019년에는 GPT-2가 비지도형 학습(Unsupervised Learning)을 파운데이션 모델(Foundation Model)로 다양하게 일반화(Generalization) 작업을 하는 능력을 갖추게 된다.

2021년에는 트랜스포머 기반 픽셀 생성 모델인 DALL-E가 출시되었고, 이어서 선보인 미드저니(Mid journey) 및 스테이블 디퓨전(Stable Diffusion)은 자연어 프롬프트에서 실용적인 고품질 인공지능 예술의 표현도 가능하게 되었다.

2023년에는 챗GPT의 근간이 되는 GPT-3.5의 업데이트 버전인 GPT-4가 출시되었는데, 현재까지 나온 모델 중에서 GPT-4는

MI 앤드류는 오전 11시부터 오후 3시까지 존은 정오부터 오후 2시까지 그리고 오후 3시 30분부터 오후 5시까지 시간이 비고, 한나는 정오에 30분 동안 그리고 오후 4시부터 6시까지 회의를 할 수 있다. 세사람이 미팅이 가능한 시간은 언제인가?

앤드류, 존, 그리고 한나의 미팅 가능 시간을 각각 확인하여 겹치는 시간을 찾아보겠습니다.

앤드류: 11:00 - 15:00
존: 12:00 - 14:00, 15:30 - 17:00
한나: 12:00 - 12:30, 16:00 - 18:00

세 사람이 함께 미팅이 가능한 시간을 찾기 위해 각자의 스케줄을 겹쳐보면:

- 12:00 - 12:30: 존과 한나는 이 시간에 미팅이 가능하지만 앤드류도 가능하므로 세 사람 모두 가능한 시간입니다.

다른 시간대는 세 사람의 스케줄이 모두 겹치지 않습니다.

결론적으로, 세 사람이 함께 미팅이 가능한 시간은 12:00부터 12:30까지입니다.

추론능력 예시
(출처 : 저자 작성)

가장 뛰어나고 정리가 잘 된 모델이라는 평가를 받는다.

GPT-4는 GPT-3.5에 비해 크게 개선됐다. 미국 모의 변호사 시험에서 상위 10%, 미국 대학 입학 자격시험인 SAT 읽기와 수학에서 각각 상위 7%와 11%를 기록했다. 아울러 인공지능이 사실을 거짓말처럼 생성하는 이른바 '환각현상'을 크게 줄였다.

추론능력 역시 대폭 향상되었다. 예를 들어 앤드류는 오전 11시부터 오후 3시까지, 존은 정오부터 오후 2시까지 그리고 오후 3시 30분부터 오후 5시까지 시간이 빈다. 한나는 정오에 30분 동안 그리고 오후 4시부터 6시까지 회의를 할 수 있다고 입력할 경우, 이들의 공통된 빈 시각을 분석해 회의 일정을 조율할 수 있도록 하는 일도 가능하게 되었다.

이러한 최근의 AI 서비스를 생성형 AI라고 부른다. 생성형 AI는 기존 AI와는 다르게 사용자의 특정 요구에 따라 결과를 능동적으로 생성해내는 인공지능 기술이다. 특히 생성형 AI는 대량의 데이터 (Hyper-scale Data)를 학습해 인간의 영역이라고 할 수 있는 창작의 영역까지 넘보고 있다 보니, 다양한 영역에서 인간의 역할을 대신할 가능성이 검토되고 있다.

# 분석형 AI와 생성형 AI

생성형 인공지능(Generative Artificial Intelligence) 또는 생성형 AI(Generative AI)는 프롬프트를 입력해 텍스트, 이미지, 기타 미디어를 생성할 수 있는 일종의 인공지능(AI) 시스템이다. 생성형 AI는 학습 데이터의 패턴과 구조를 학습한 다음 유사 특징이 있는 새로운 데이터를 만들어낸다.

생성형 AI 서비스로는 오픈AI가 GPT-3.5와 GPT-4와 같은 대형 언어모델로 개발한 챗GPT나, 구글에서 LaMDA를 기반으로 개발한 바드(Bard), 네이버에서 한국형 거대언어모델 하이퍼클로바X를 기반으로 만든 클로바X 등이 있다. 한편 이미지 생성형 AI 모델로는 스테이블 디퓨전, 미드저니, DALL-E 등이 있다.

생성형 AI는 예술, 작문, 소프트웨어 개발, 의료, 금융, 게임, 마케팅, 패션을 포함한 다양한 산업 부문에 걸쳐 잠재적으로 응용될 수 있다. 생성형 AI의 투자는 2020년대 초에 급증했으며 마이크로소프트, 구글, 바이두와 같은 대기업들과 생성형 AI 모델을 개발하는 수많은, 규모가 더 작은 기업들이 참여했다. 그러나 생성형 AI

의 잠재적 오용에 대한 우려도 있는데, 예를 들어 사람을 속이기 위해 사용할 수 있는 가짜뉴스나 딥페이크를 만드는 것을 들 수 있다.

분석형 AI와 생성형 AI를 다음 자료로 비교해보자. 개념적으로 보면, 분석형 AI는 기계학습이나 딥러닝 등을 사용해 빅데이터를 분석하고 그 안에서 패턴을 찾아내어 모델을 만드는 것이다. 반면에 생성형 AI는 이미 구축된 모델(통상 Foundation 모델)을 활용해, 사용자의 입력값(프롬프트)을 기반으로 데이터를 생성하는 AI를 말한다. 따라서 개념적으로 본다면 분석형 AI와 생성형 AI는 정반대의 역할을 하는 AI라는 것을 알 수 있다.

| 구분 | 생성형 AI | 분석형 AI |
|---|---|---|
| 개념 | (Foundation) 모델 → 데이터 | 데이터 → 모델 |
| 기능 | 데이터(텍스트, 이미지, 비디오, 소리 등) 생성 | 수집, 탐색, 분석, 예측, 분류 등을 통한 인사이트 도출(의사 결정) |
| 주요 기술 | Deep learning, GAN, GPT | Regression, Decision Tree, Deep learning |
| 서비스 사례 | 챗GPT, BARD, llama, 미드저니 | Google analytics, Intelligent Miner, ELK, Splunk<br>* 코딩(Python, R 등) |
| 서비스 모델 | - 일반인 대상 서비스<br>- 기업형 서비스<br>- 앱 생태계 플랫폼 | - 분석도구 판매<br>- 빅데이터 플랫폼 |
| 필요한 역량 | AI 문해력(AI Literacy)<br>* AI를 활용한 데이터 생성 창의력 | 데이터 문해력(Data Literacy)<br>* 데이터를 탐색, 이해, 소통 능력 |

생성형 AI의 종류에는 텍스트 생성 모델(Text-to-Text), 이미지 생성 모델(Text-to-Image), 비디오 및 3D 생성 모델(Text-to-Video, Text-to-

3D), 태스크 기반 모델(Text-to-Task) 등이 있다.

**텍스트 생성 모델** : 텍스트 생성, 클러스터링, 요약, 번역, 리서치, 추출 등에 활용

**이미지 생성 모델** : 이미지 생성, 이미지 편집 등에 활용

**비디오 및 3D 생성 모델** : 비디오 생성, 비디오 편집, 게임 에셋 생성 등에 활용

**태스크 기반 모델** : 웹 UI를 탐색하거나 GUI를 통해 문서를 변경 등 자동화 등에 활용

대표적인 이미지 생성 모델로 미드저니와 DALL-E2가 있다. 다음은 실제로 DALL-E2에서 텍스트를 입력해 이미지를 생성한 예시다. 미드저니에서도 직접 텍스트로 이미지를 생성해볼 수 있다. 프롬프트는 'cute kitty shite fur and odd eye in the box(서로 다른 눈 색깔을 가진 박스 속 하얀 고양이)'다.

미드저니에서 텍스트로 생성한 눈 색깔이 다른 고양이 이미지
(출처 : 저자 작성)

DALL-E2와 같이 대규모 데이터셋을 사용해 사전에 학습된 일종의 반제품형태의 AI 모델을 '기반 모델(파운데이션 모델, Foundation Model)'이라고 한다. 생성형 AI 프로세스는 훈련 코드, 레이블 데이터 및 모든 유형의 미분류 데이터를 가져와서 기반 모델을 구축할 수 있다. 모델 구축 후에 기반 모델은 텍스트, 코드, 이미지, 오디오, 비디오 등과 같은 새로운 콘텐츠를 생성할 수 있다.

기반 모델은 개발자가 별도의 모델 구축과 학습을 위해 시간과 자원을 들이지 않아도 다양한 작업을 수행할 능력을 갖추고 있다. 튜닝을 통해 일부 서비스에 특화할 수도 있다. 대표적인 기반 모델로는 오픈AI의 DALL-E2와 GPT-3, 스테빌리티AI의 스테이블 디퓨전, 구글AI의 LaMDA 등이 있다.

# 생성형 AI의 기본 원리

텍스트 생성형 AI 중 챗GPT는 인공지능 언어모델 중의 하나로 인공 신경망과 딥러닝 알고리즘을 사용해 학습된다. 이 모델은 대규모 텍스트 데이터를 기반으로 해, 이전에 본 적이 없는 문장도 자연스러운 방식으로 생성할 수 있다. 먼저 대규모 텍스트 데이터를 수집하고, 이를 처리해 단어와 문장의 관계를 이해하는 것이다. 이 모델은 이해한 내용을 바탕으로 다음에 올 말을 예측하는데, 이를 위해서 이전의 문장과 단어들의 연관성을 분석하고 가장 가능성이 큰 다음 단어를 예측하는 것이다.

텍스트 생성 AI, GPT의 원리를 알아보자. 쉽게 설명하면 단어들이 주어졌을 때, 다음 단어를 예측하는 모델이다. 다음 자료에서 보듯 '말썽꾸러기 민이는 학교에서'라는 문장이 주어졌을 때, 다음에 나올 단어를 확률적으로 계산하는 방식이다. 예시된 그림에서 보면 '싸운다'라는 단어가 확률이 가장 높은데, 바로 앞의 세 단어인 '말썽꾸러기 민이는 학교에서'라는 단어 뒤에 올 확률을 계산한 결과로 나온 것이다. 만약 '우등생 민이는 학교에서'라는 문장 뒤에는 '싸운다'라는 단어가 아닌 다른 단어가 올 확률이 높게 된다. 이런 출력의 결과는 바로 대규모의 학습 데이터로부터 얻게 되는 결과인 것이다.

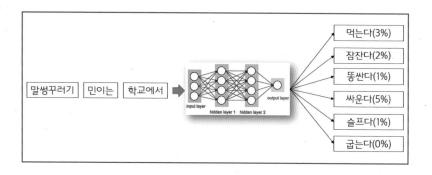

## 이미지 생성형 AI의 원리

언어 생성형 AI인 챗GPT와 마찬가지로 이미지 생성 AI도 정말 빠른 발전을 이루고 있다. 오픈AI의 DALL-E, 미드저니, 스테이블 AI의 Stability.AI 등 이미지 생성 AI는 앱스토어가 처음 나왔을 때만큼이나 AI 산업의 핵심으로 부상하고 있다. 최근 이미지를 넘어 동영상 생성 AI까지 나오고 있다.

이미지 생성 AI의 시작은 다음 자료의 아보카도 의자 사진을 기점으로 출발했다고 말할 수 있다. 2021년 1월 오픈AI는 Dall-E라는 서비스를 출시했고, 과학기술분석 잡지 〈MIT 테크놀로지 리뷰

〈MIT Technology Review〉〉에 다음과 같이 아보카도 의자 사진을 게재했다. 이미지 생성 AI의 첫 서비스 대중화라고도 할 수 있는데, 현실에 없는 아보카도 스타일의 의자를 현실에 있는 것처럼 만들어준 것이다. 그 당시 큰 열풍을 일으키지는 못했지만, 1년 반 정도가 지나고서야 큰 혁신의 바람이 불기 시작했다.

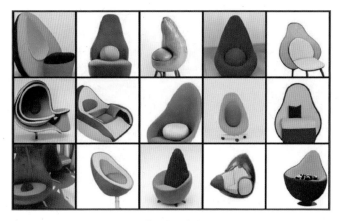

아보카도 의자
(출처 : 오픈AI)

## 이미지 생성 AI의 타임라인

이미지 생성 AI의 원리를 알아보자. 이미지 생성 모델의 발전은 'GAN → De-noising Diffusion' 순으로 진보했고, '이미지 생성 AI'라는 단어가 유행한 시기는 사실 'Text-to-Image' 생성 모델이 나왔을 때부터라고 볼 수 있다. 챗GPT가 2022년 11월 30일에 출시되었으니 2022년이 사실상 Text-to-Image 생성 모델의

해라고 할 수 있겠다. 다음 Text-to-Image 생성 모델의 로드맵을 보면 현재의 이미지 생성 모델도 Text-to-Image에 도달하기까지 GPT의 2세라 부를 만한 'CLIP : Connecting Text to Image'를 기반으로 하므로 사실상 챗GPT와도 연관이 매우 깊다.

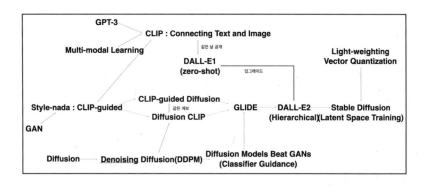

이미지 생성 AI 모델들의 두 번째 근간이 되는 모델이 바로 CLIP 이다. 오픈AI는 GPT-3를 공개한 지 얼마 안 되어 〈CLIP : Connecting Text and Image〉라는 논문을 공개했다. CLIP(Contrastive Language-image Pre-training)은 이전까지의 사물 인식 및 분류 모델과는 달리 혁신적인 방법을 제시했다. 새로운 시각적·언어적 경험을 통해 학습된 모델로서 이미지와 텍스트 간의 상호작용을 가능하게 한다는 점이 혁신적이다. 이전 사물 인식 모델들은 아무리 잘 학습되었더라도 새로운 문제에 적용하려면 모델을 재학습시켜야 했다. CLIP은 새로운 학습 방법론을 제시해 이런 문제를 해결해냈다. 기존의 데

이터를 받는 방식은 이미지모델은 이미지만, 텍스트모델은 텍스트만 받는 식이었지만 CLIP은 이것을 깨뜨리고 멀티모달(Multi-modal) 방식으로 이미지와 텍스트 모두 입력으로 사용한다.

또한 대비 학습(Contrastive Learning) 방식으로 두 개의 데이터가 주어졌을 때 비교하는 식으로 모델을 학습한다. 대비 학습을 간단히 설명하기 위해 다음과 같은 이미지를 예로 들면, 같은 'puppy'라는 Class 1과 'kitten'이라는 Class 2로 구분을 하더라도 비슷하게 생긴 강아지는 가깝게, 다르게 생긴 강아지는 멀게 학습시킨다.

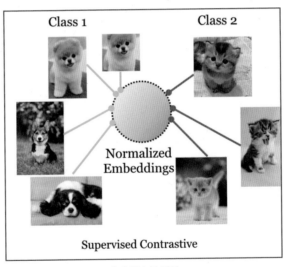

대비 학습의 예시
(출처 : https://paperswithcode.com/method/supervised-contrastive-loss)

이렇게 이미지가 존재하는 Pre-trained CLIP 모델에 새로운 텍스트-이미지 쌍을 추가 학습(Fine-tuning)할 수 있도록 한다. 만약 앞의 예시에 데이터 공간 내에서 '아기 늑대'를 추가 학습시키면 강아지 데이터 근처로 잡힐 것이라고 추론할 수 있다.

이 CLIP 모델이 이미지 생성 AI의 근간이 될 수 있는 이유는 CLIP이 'Domain/distribution shift'에 강하기 때문이다. Domain/distribution shift는 학습 데이터와 테스트 데이터 간의 분포 차이로 인해 테스트 성능이 낮게 기록되는 현상을 말한다. CLIP의 강점이 바로 이것이다.

스테이블 디퓨전 모델의 구성요소는 다음의 세 가지로 나눌 수 있다.

**1. 사전 훈련된 텍스트 인코더**

**2. UNet 잡음 예측기**

**3. 변형 자동 인코더-디코더 모델**

(디코더에는 최종 고해상도 이미지를 생성하기 위한 Up-sampler 네트워크 포함)

학습 시 인코더, Unet 그리고 사전 훈련된 텍스트 인코더가 사용되며, 추론 중에는 사전 훈련된 텍스트 인코더, UNet 그리고 디코더가 사용된다.

사전 훈련된 텍스트 인코더는 텍스트 프롬프트를 임베딩으로 변환하며, UNet 모델은 잠재 공간(Latent Space) 정보를 노이즈 예측자로 사용한다. 오토인코더-디코더에서는 두 개로 나눌 수 있다. 인코더는 원본 이미지 픽셀에서 잠재 공간 정보를 생성하고, 디코더는 텍스트 조건이 적용된 잠재 공간에서 이미지를 예측하게 된다.

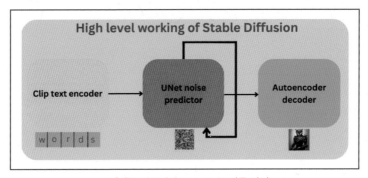

스테이블 디퓨전의 High-level 작동 과정
(출처 : https://learnopencv.com/stable-diffusion-generative-ai)

## [스테이블 디퓨전의 학습]

스테이블 디퓨전 모델의 학습에는 다음 세 단계로 이루어진다.

1. 프롬프트로부터 토큰 임베딩을 만든다. 훈련 관점에선 텍스트 프롬프트를 이미지 캡션(Caption, 이미지에 대한 설명)이라고 부른다.

2. 임베딩으로부터 UNet을 조건화한다. 잠재 공간이 오토인코더 모델의 인코더를 사용해 생성되고, 이것을 조건화된 잠재 공간(Conditioned Latent Space)이라고 한다.

3. Unet은 잠재 공간에서만 작동되며, Unet은 잠재 공간에 추가된 노이즈를 예측하고, 이를 제거하려고 한다.

## [텍스트 인코더(Text Encoder)]

사전학습된 트랜스포머 언어모델을 사용한다. 특히, 스테이블 디퓨전에서는 텍스트 인코딩은 CLIP의 사전 학습된 텍스트 인코더를 사용한다.

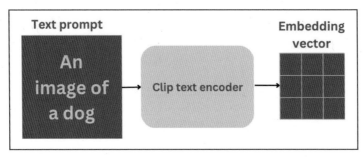

텍스트 인코더 프로세스
(출처 : 저자 작성)

## [UNet 노이즈 예측기]

Unet은 잠재 공간에서만 작동하고, 원본 이미지 픽셀 처리는 하지 않는다. 텍스트의 캡션에 따라 결정되고, 캡션 정보를 잠재 공

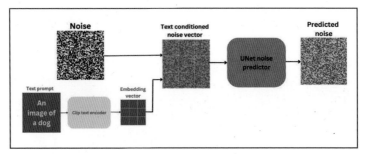

UNet 노이즈 예측 프로세스
(출처 : 저자 작성)

간에 추가하는 과정을 텍스트 조건화라고 한다. 모든 정보를 바탕으로 UNet은 이미지에 추가되는 노이즈를 예측하는 일을 한다. UNet은 더 복잡한데, 전차 레이어와 텍스트 정보를 이미지의 잠재 공간에 병합하기 위한 어텐션 레이어를 포함하고 있다.

### [오토인코더-디코더 모델]

오토인코더-디코더 모델의 인코더 부분은 원본 이미지에서 잠재 공간을 생성하고, 모델의 디코더 부분은 최종 이미지를 생성하게 된다.

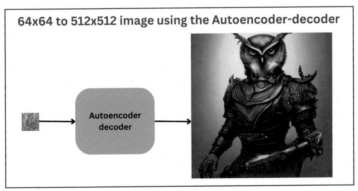

오토인코더-디코더 모델 프로세스
(출처 : 저자 작성)

### [프롬프트에서 이미지를 생성하는 프로세스]

이미지에 노이즈를 추가하는 대신 순수한 가우스 노이즈로 직접 시작하고, 그런 다음 스테이블 디퓨전 모델은 반복적으로 노이즈를 제거해 최종 이미지를 생성한다. 입력 이미지와 인코더를 제외하면, 나머지 구성은 동일하게 유지된다. 텍스트 프롬프트를 활용해 이미지를 생성하는 경우에, 텍스트 프롬프트에 따라 노이즈를 조절해야 한다. 다음 자료는 UNet을 자세히 시간 단계를 사용해 나타낸 스테이블 디퓨전의 추론(이미지 생성) 프로세스다.

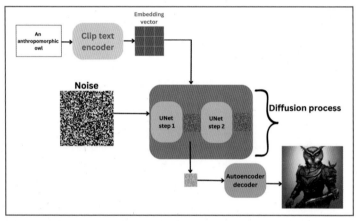

프롬프트로 이미지를 생성하는 과정
(출처 : 저자 작성)

스테이블 디퓨전의 학습과 추론 과정에 대해서 간단하게 설명을 했다. 스테이블 디퓨전의 다양한 버전과 변형 서비스들도 상당히 많이 나오고 있는 추세다.

# 프롬프트 엔지니어링

프롬프트란 무엇인가? 통상 프롬프트란 특정한 작업 수행을 도와주기 위해서 전달하는 메시지들이다. 실시간으로 대사를 보여주는 장비나 컴퓨터에서 작업을 위한 명령어 대기 메시지를 이야기한다. 생성형 AI에서 프롬프트는 AI로부터 응답을 생성하기 위한 입력값을 의미한다.

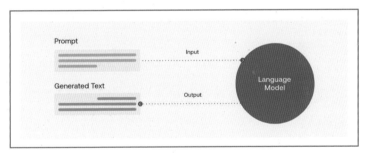

생성형 AI에서 프롬프트의 의미
(출처 : 저자 작성)

프롬프트 엔지니어링(Prompt Engineering)은 생성형 AI로부터 최고의 품질 답변을 생성해낼 수 있는 프롬프트 입력값들의 조합을 찾아내는 작업이라고 정의할 수 있겠다.

최근 생성형 AI는 언어모델뿐 아니라 이미지모델 등 다양한 멀티모달(Multimodal)을 중심으로 엄청나게 빠른 속도로 움직이고 있다. 대중의 생성형 AI에 대한 높아진 관심을 기반으로 다양한 애플리케이션 사례들이 쏟아져 나오고 있고, 이와 동시에 잘못된 정보를 사실인 것 같이 답변을 제시하는 환각현상과 같은 모델의 치명적인 한계점을 점점 더 우려하고 있다. 그러나 AI 모델로부터 더 복잡한 태스크들에 대해 정확한 출력을 끌어내도록 유도하면서 환각현상과 같은 오류를 줄이는 데 기여하는, 프롬프트 엔지니어링이라는 업무의 영역 또는 직업 분야가 새롭게 떠오르고 있다.

생성형 AI에 공통으로 프롬프트를 구성하는 요소로는 크게 다음 네 가지가 있다.

1. **지시 사항 또는 출력의 묘사** : AI 모델이 수행하기를 원하는 작업이다. 구체적으로 어떤 작업을 해야 하는지에 대해 명확한 지시를 정의한다.

2. **상황**(Context) : AI 모델이 답변하게 되는 주변의 사항 또는 외부의 정보 및 추가 내용이다. 이런 지시가 이루어지는 상황에 대해서 AI에게 인지시킴으로써 해당 상황 내에서 지시에 대한 답을 내도록 한정하는 역할을 한다.

3. **입력값** : 구하고자 하는 최종 답에 대한 질문이다. 지시와 상황

을 기본 내용으로 최종으로 구하는 답을 얻게 하는 목표 내용이다.

　4. **출력 형식** : 결과물의 형식 또는 형태 요소로서, 입력값에 대한 출력 형태이므로 어떤 출력을 내도록 할 것인지는 매우 중요하다. 출력의 형태가 간명할수록 원하는 결과에 가깝게 된다.


### 프롬프트 엔지니어링과 산업

　프롬프트 엔지니어링은 생성형 AI가 출현한 이후에 나온 인공지능 분야의 한 개념이다. 자연언어 또는 특별한 명령어로 인공지능의 역량을 최대로 끌어내기 위한 입력(Input) 또는 지시어 명령어를 만드는 기법이다.

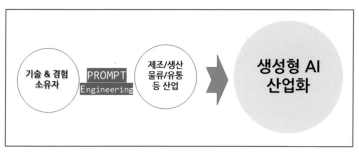

**프롬프트 엔지니어링의 이해**
(출처 : 저자 작성)

　'프롬프트 엔지니어'는 프롬프트 엔지니어링을 하도록 훈련된 사람을 의미한다. 대형언어모델 또는 초거대 AI의 출현으로 인간은 인공지능을 원하는 결과와 출력(Output)을 만들어내도록 잘 조련한다는 의미에서 'AI 조련사'라는 말로도 쓰인다. 한편, 프롬프트를 디자인한다는 의미에서 이런 직업을 '프롬프트 디자이너'라고 부르기도 한다.

엔지니어링의 의미를 좀 더 파악해보면 왜 프롬프트 엔지니어링이라고 명명되었는지 알 수 있다. 통상 엔지니어링이란 계획(Planning), 수행(Execution) 그리고 운영(Operation)이라는 3단계로 나눈다. 계획 단계에서는 기본적으로 인공지능에서 원하는 것을 정의하는 것이다. 예를 들면 어떤 지식·보고서·이미지·동영상 등을 자세히 기획하고, 생산하기를 원하는 제품과 서비스를 설계하는 단계다. 수행은 기본적인 프롬프트의 설계, 상세설계 등으로 원하는 출력을 얻을 때까지 지속해서 출력을 튜닝하는 것이다. 운영단계는 출력의 수정·보완 등을 목적으로 프롬프트를 관리하는 것을 말한다.

전산업 분야에서 프롬프트 엔지니어링은 보편적으로 쓰이게 될 것이며, 특히 텍스트뿐만 아니라 다양한 멀티모달 분야에서 프롬프트 엔지니어링이 산업의 생산성과 효율 증대 그리고 새로운 제품과 서비스의 탄생에도 크게 이바지할 것으로 기대한다.

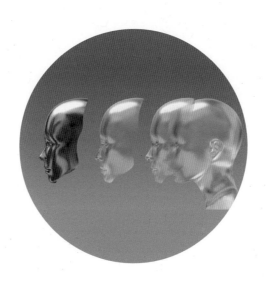

2장 _

이미지 생성 AI
시작하기

# 무료 이미지 생성 AI로 가볍게 시작하기

    오픈AI는 2022년 11월 GPT-3.5를 기반으로 챗GPT를 출시했다. 이후 많은 변화가 있었지만, 그중 두드러진 것 중의 하나가 AI를 활용한 디지털 콘텐츠 생성의 빠른 확산이다. 기존보다 이미지를 그리거나 동영상을 만드는 데 투여하는 시간이나 노력이 줄어들다 보니 훨씬 빠르게 유튜브 영상이나 쇼츠, 인스타그램 릴스를 만들 수 있게 되었다. 이를 활용한 인플루언서의 세계도 더욱 확장되었다.

    텍스트 생성 AI도 챗GPT 이후 여러 회사에서 많은 프로그램이 나왔지만 이에 못지않게 이미지 생성 AI 역시도 스테빌리티AI의 '스테이블 디퓨전 XL1.0'을 비롯해 어도비의 'Firefly', 카카오브레인의 'Karlo', 마이크로소프트의 'Bing Image Creator' 등 다양한 프로그램이 출시되었다. 가장 퀼리티 좋은 이미지를 만들어준다는 '미드저니(Midjourney)'도 더욱 퀼리티가 높은 이미지를 생성할 수 있는 5.2 버전을 출시했다.

    이런 새로운 프로그램의 출시는 사용자들의 많은 관심과 산업에서의 트렌드 주도성을 대변할 수 있을 것이다. 그러나 텍스트 생성 AI와 다르게 이미지 생성 AI에서 프롬프트 활용은 더욱 전문적인 학습이 필요하다. 물론 텍스트 생성 AI에서도 기본적인 프롬프트 학습은 필요하다. 하지만 챗GPT와 같은 텍스트 생성 AI는 도메인에 대한 지식을 가지고 있다면 기본적인 프롬프트에 대한 원리만 알아도 활용을 할 수 있다. 이와 다르게 이미지 생성 AI의 경우 프롬프트 사용 및 각 프로그램의 활용에 대한 노하우가 필요하기 때문에 조금 더 전문적인 학습이 필요하다.

그뿐만 아니라 챗GPT는 아직은 무료로 이용할 수 있기 때문에 제한 없이 연습이나 활용을 할 수 있는 것과는 다르게 이미지 생성 AI 프로그램은 대부분 유료 사용이거나 무료이더라도 하루 생성 횟수에 제한이 있기 때문에 약간의 진입 장벽이 있는 편이다.


따라서 다음에 소개할 챕터에서는

첫째, 처음에 무료로 사용할 수 있는 이미지 생성 AI 프로그램에서 시작해서 기본적인 프롬프트 구조를 익히고,

둘째, 초보자들이 사용하기 쉬운 몇가지 이미지 생성 AI 프로그램과 함께 프롬프트 생성에 도움이 되는 사이트들을 알아보며,

셋째, 가장 좋은 이미지를 만들어 낼 수 있는 미드저니의 전문적인 프롬프트를 마스터하게 될 것이다.

왜 하필이면 미드저니인가?

물론 미드저니란 프로그램이 완벽한 것은 아니다. 생성 AI의 학습 구조의 특징상 어떤 것을 학습했느냐에 따라서 만들어지는 이미지 산출물이 달라지기 때문에 어떤 경우 다른 프로그램들이 더 좋은 의도에 맞는 이미지를 생성해내는 경우도 있다(예를 들어 아름다운 동양/한국인 여성의 이미지는 포킷AI가 더 잘 만들어낸다).

그럼에도 불구하고 일반적인 영역에서는 미드저니의 생성 이미지의 퀄리티가 가장 뛰어나다. 미드저니에서 활용되는 프롬프트만 익히면 다른 어떤 프로그램에서도 활용할 수 있기 때문에 미드저니용 프롬프트를 학습하는 것이 이미지 생성 AI 프로그램 활용의 기본이 될 수 있다.

이미지 생성 AI를 처음 접하면 프롬프트가 뭔지 어떤 프롬프트를 넣어야 하는지조차 어렵다. 게다가 챗GPT와 같은 텍스트 생성 AI의 경우는 한국어 프롬프트가 가능한데 대부분의 이미지 생성 AI는 영어 사용만 가능한 때도 있어서 처음 사용하는 초보자들의 장벽이 된다. 이렇게 영어 프롬프트 사용도 힘든데 돈까지 내가면서 연습을 해야 한다고 하면 더욱더 큰 거리감이 생기게 된다. 이럴 때 좋은 것이 무료이면서도 한국말 프롬프트 사용이 가능한 프로그램이다.

이런 한국어판용 무료 이미지 생성 AI가 좋은 점은 이미지 생성 AI의 기본 로직을 이해하기 쉽다는 데 있다. 미드저니는 이미지의 퀄리티를 프롬프트로 조절을 하고 스테이블 디퓨전은 다양한 모델과 프롬프트로 조절을 하게 된다. 이런 디테일한 조절이 초반부터는 어렵기 때문에 이미지 생성 AI 웹서비스들은 조절 요소들을 아이콘화해서 클릭으로 조절할 수 있게 만든 것이다. 물론 이런 것들은 좋은 퀄리티의 이미지를 기대하기는 어렵다. 화질도 그렇고 프롬프트를 이해하고 그것을 이미지로 구현해내는 능력도 기대하기는 힘들다. 하지만 정말 처음 이미지 생성 AI를 접하는 초보자들의 연습용으로는 충분하다고 생각되어 소개한다.

만약 이 책을 읽는 독자가 초보자가 아니라면 이 장은 넘기고 다음 장부터 읽기를 권한다.

## 뤼튼(https://wrtn.ai)

챗GPT는 기본적으로 영어 문서 학습을 했기 때문에 영어 최적화 프로그램이다. 뤼튼 테크놀로지에서 2022년 10월 출시한 한국형 챗GPT 뤼튼(wrtn.ai)은 한국어 학습을 했기 때문에 한국어 텍스트 생성 AI로 최적화되어 있다. 이 뤼튼이 2.0 버전으로 업데이트를 하면서 만든 기능 중의 하나가 이미지 생성 AI다.

뤼튼의 사용은 기본적인 로그인과 회원 가입 후 가능하다. 현재 전문적인 텍스트 생성 AI 사용을 위해서는 전문적인 유료 요금제가 있지만, 요금을 결제하지 않아도 이미지 생성은 가능하다.

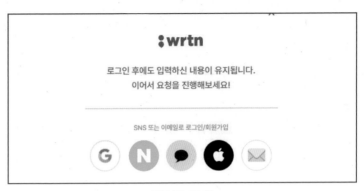
뤼튼 로그인 창
(출처 : https://wrtn.ai)

기본적인 회원 가입과 로그인을 진행하고 나면 다음과 같은 화면이 보이는데 다음 부분에 이미지 생성을 위한 프롬프트를 넣으면 된다.

뤼튼 프롬프트 입력 창
(출처 : https://wrtn.ai)

뤼튼 이미지 생성 AI의 장점은 한글 입력도 가능하고, 이미지 생성 시마다 없어지는 크레딧도 없으며, 과금도 안 된다는 것이다. 따라서 아무런 걱정 없이 자유롭게 프롬프트를 넣으면 된다. 이미지 생성 AI 사용 시는 풍부한 상상력과 아이디어만 있으면 된다.

다음과 같은 프롬프트를 넣어보자.

**프롬프트 1**

'바닷가에서 놀고 있는 아이들'

이런 문구를 프롬프트에 넣을 때 끝에 '**그려줘**'까지 넣으면 이미지를 생성하게 된다.

프롬프트 1로 만든 이미지
(출처 : 저자 작성)

'그려줘'란 명령어를 넣지 않게 되면 뤼튼 AI에게 더 구체적인 프롬프트 명령어를 요구하는 질문을 오히려 받게 된다. 이런 방식으로 이미지 생성 AI에 대한 프롬프트 학습을 하는 것도 좋은 방법이다.

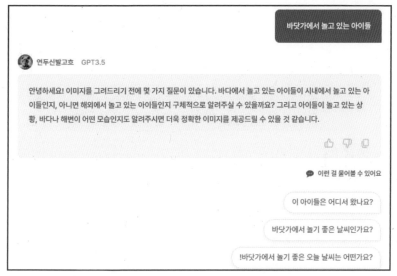

'그려줘' 입력어를 안 넣었을 때의 뤼튼의 역질문
(출처 : 저자 작성)

이미지 생성 AI를 사용해서 이미지를 많이 그려본 사람들은 세밀한 부분까지 글로 표현해서 지정할 수 있을 것이다. 하지만 처음 사용하게 되면 도대체 어디서부터 어디까지를 어떻게 표현해야 하는지도 모르는 경우가 많다. 그러므로 뤼튼과 계속 질문하고 답하면서 프롬프트 구조를 배워 가는 것도 좋은 방법이다.

뤼튼의 질문을 기반으로 다시 좀 더 구체적인 프롬프트를 입력해보자.

프롬프트 2

"석양이 지는 바닷가에서 놀고 있는 아이들. 개들과 함께 뛰어놀고 있고 몇몇은 손을 잡고 노래를 부르고 있다. 그 위로는 갈매기들이 날아오르고 있다."

프롬프트 2로 만든 이미지
(출처 : 저자 작성)

프롬프트가 구체적일수록 디테일한 이미지가 그려지게 된다. 이미지 묘사뿐 아니라 표현 방식도 지정할 수 있다. 앞의 프롬프트에 이미지의 표현 방식까지 더해보자.

흑백 사진과 같은 느낌으로 실사 이미지를 원한다고 요청해보자.

**프롬프트 3**

"석양이 지는 바닷가에서 놀고 있는 아이들, 개들과 함께 뛰어놀고 있고 몇몇은 손을 잡고 노래를 부르고 있다. 그 위로는 갈매기들이 날아오르고 있다를 그려줘. 흑백 필름을 사용해서 실사 사진과 같은 퀄리티로 그려줘."

이렇게 프롬프트로 넣으면 다음과 같은 이미지가 만들어진다.

프롬프트 3으로 만든 이미지
(출처 : 저자 작성)

여기서 유의해야 할 점은 이런 이미지는 생성 AI의 특성상 동일 프롬프트를 넣었다고 항상 동일한 이미지가 나오지 않는다는 것이다. 그리고 프롬프트 문구 그대로 그려지지도 않는다. 앞의 이미지에서도 보면 어떤 이미지는 개가 표현되어 있지만 어떤 그림은 개가 없기도 하다.

하지만 프롬프트가 구체적으로 들어갈수록 퀄리티도 높아지고 유사한 이미지가 나올 수 있다. 퀄리티 좋은 이미지 생성 AI(예를 들어 미드저니)의 경우는 좀 더 내가 넣은 프롬프트대로 이미지를 만들 수 있는 확률이 높아진다.

뤼튼을 이용한 이미지 생성 AI 프롬프트에 대한 시작해봤다면 이제 좀 더 본격적으로 프롬프트, 네거티브 프롬프트, 그리고 이미지 장르까지 선택이 가능한 프로그램을 사용해보자.

### 포킷.AI(pokeit.ai)

뤼튼이 한국형 챗GPT라면 포킷.AI는 한국형 Dall-E이라고 할 수 있는 사이트다. 2023년 3월에 출시되었고, 출시 초기에는 제한 없는 무료 이미지 생성이 가능했다. 현재는 제한된 무료 생성이 가능하고 상업적 사용이나 많은 양의 이미지 생성하려면 유료 플랜을 사용해야 한다.

포킷.AI 초기 화면
(출처 : https://pokeit.ai)

포킷.AI의 장점은 한국형 AI인 만큼 이미지 생성 시 한국어 사용
이 가능하고, 제한이 있기는 하지만 무료로 이미지 생성 연습을 할
수 있다는 것이다. 매일 로그인을 하면 100개의 크레딧이 제공되고
1개의 이미지 생성 시 2개의 크레딧이 차감된다. 회원가입 후 로그
인한 가장 처음 화면의 입력 창에 한국어로 프롬프트를 넣으면 뤼
튼과 마찬가지로 이미지가 생성된다.

포킷.AI 초기 화면 내 이미지 생성 프롬프트 입력 창
(출처 : https://pokeit.ai)

여기에 다음 프롬프트를 넣어보자.

프롬프트 4

"귀여운 아기 고양이가 공원 벤치에 앉아 있다. 주변에는 꽃이 많이
피어 있는 시냇물이 흐르고 있다."

프롬프트 4에 의한 포킷.AI 생성 이미지
(출처 : 저자 작성)

이렇게 한국어를 넣어도 이미지 생성이 되기는 하지만 기본적으
로 포킷.AI의 프롬프트는 영어 기반이다. 단, 한국어로 프롬프트를
넣어도 이미지가 그려지는 이유는 한국에서 만든 이미지 생성 AI이
기 때문에 한국어로 넣었을 때 영어로 번역이 되어서 프롬프트 창
에 들어가게 된다. 따라서 더 좋은 이미지를 얻으려면 한국어보다
는 영어 프롬프트를 사용하는 것이 좋다.

앞의 한국어 프롬프트도 다음과 같이 프롬프트 입력 창을 보면 영어로 번역이 되어서 이미지가 만들어지게 된다.

**프롬프트 4의 영어 프롬프트**
**(출처 : 저자 작성)**

이제 이미지 생성 AI의 기본 구조에 대해서 알아보자. 미드저니를 기준으로 해서 이미지 생성 AI를 위한 프롬프트에는 생성 프롬프트, 제외 프롬프트, 이미지 크기 및 모양, 이미지 스타일 종류, 표현 방식, 표현의 자유도(카오스) 정도, 디테일의 정도가 들어가게 된다. 처음부터 이 모든 항목을 이해하고 표현하기에는 무리가 있어, 웹 버전으로 만든 서비스 프로그램들은 이런 항목들을 사용자가 클릭할 수 있게 아이콘화 시켜놓았다. 이런 로직은 어느 프로그램이나 비슷하게 작동이 되며 처음 포킷.AI를 사용하게 되면 영어가 아닌 한국말로 이 로직을 익힐 수 있어서 쉬운 접근이 가능하다.

포킷.AI의 이미지 생성 화면 왼쪽 메뉴 창을 보면 다음과 같다.

포킷.AI 이미지 생성 메뉴 1
(출처 : https://pokeit.ai)

①은 이미지의 표현 방식 부분이다. 사용자는 자신이 만드는 이미지를 애니메이션 느낌 또는 실사처럼 또는 게임 캐릭터로 그리고 싶어 할 수 있다. 이 부분을 모아놓았다.

여기에 더해 포킷.AI에서는 사용자들이 많이 생성하는 이미지들을 카테고리화시켜 스타일이라고 표현해놓았다. 애니메이션 중 〈너의 이름은.〉의 비슷한 느낌으로 많이 그려 달라고 했는지 〈너의 이름은.〉의 스타일을 따로 지정해놓았다. 의상도 한국판 이미지 생성 AI답게 한복 스타일을 따로 만들어놓았다. 한국 사용자들은 이 프로그램을 이용해서 인물 실사 이미지를 많이 그렸는지, 다양한 스타일의 인물 실사 스타일이 존재한다. 덕분에 한복을 입은 한국 여자 아이돌은 포킷.AI가 그 어떤 프로그램보다 잘 그릴 것이다.

현재 무료 포킷.AI에는 다음과 같은 장르와 스타일이 존재한다.

포킷.AI의 장르와 스타일
(출처 : https://pokeit.ai)

① 부분은 다른 프로그램들에서는 필터 또는 스타일이라고 표현
되어 있다.

②는 가장 메인이 되는 표현, 즉 생성 프롬프트를 넣는 곳이다.
포킷.AI에서는 생성 프롬프트를 레시피라고 표현하고 있다. 그 레
시피는 이미지 묘사 부분와 제외해야 할 이미지 묘사 부분으로 나

뉘는데 다른 프로그램에서는 주로 이미지 묘사를 프롬프트(Prompt)
로 제외해야 할 묘사는 네거티브 프롬프트(Negative Prompt)로 표현되
어 있다.

이미지 묘사에 들어가야 할 내용이 '검고 긴 머리는 가진 아름답
고 상냥한 K-pop idol, 한복을 입고 공원 벤치에 앉아 있다. 하이
퀄리티, 포토리얼리스틱, 드라마틱한 조명, 좋은 품질 사진, 매우
사실적인 디테일, 선명한 초점, 디테일한 피부'라면 제외해야 할 이
미지 묘사에는 '길어진 손가락, 긴 목, 중복된 코, 너무 하얗고 창백
한 얼굴, 너무 큰 눈, 너무 인공적으로 보이는 얼굴, 5개 이상의 손
가락'을 넣으면 된다. 주로 이미지 생성 AI가 인물을 묘사할 때 자

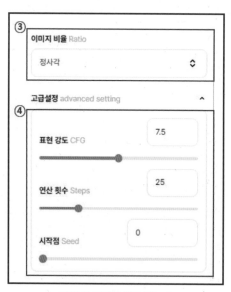

포킷.AI 이미지 생성 메뉴 2
(출처 : https://pokeit.ai)

주 틀리게 그리는 부분을 넣어주거나, 내가 원하지 않는 이미지 부분을 넣으면 된다.

③의 이미지 비율의 경우 포킷.AI에서는 모양만 지정할 수 있다. 다른 프로그램들은 대부분 이미지의 모양 16 : 9 또는 1 : 1과 해상도 1920 : 1080까지 조절할 수 있다. 미드저니 프롬프트에서는 ar로 표현된다(예 : ar 16 : 9, ar 1920 : 1080).

④는 고급설정을 클릭할 때 보이는 내용으로 일반적인 포킷.AI 사용 시에는 세팅된 대로 사용하게 된다.

표현 강도의 뜻은 AI에게 얼마나 자유롭게 상상을 할 수 있게 해줄지에 대한 부분이다. 표현 강도가 높으면 생성 프롬프트대로, 표현 강도가 낮으면 AI의 자유로운 상상대로 그리게 된다. 미드저니에서는 Chaos로 표현되며 일반적으로 5~10 사이로 7.5 정도에서 그려지게 된다.

표현 강도에 따른 차이 1
(출처 : https://pokeit.ai)

연산횟수는 생성 AI가 얼마나 많은 수의 연산을 하느냐다. 연산 횟수가 적을수록 이미지 생성은 빠르지만 디테일이 떨어진다. 반대로 연산횟수가 높을수록 이미지 생성 속도는 느리지만 디테일이 올라가게 된다. 퀄리티가 무조건 높다고 좋은 것은 아니다. 약간씩 이미지 느낌이 달라지고 그것에 대한 선택은 사용자가 하는 것이기 때문에 25 정도로 세팅해놓고 그리게 된다.

미드저니 프롬프트에서는 q로 표현되고 1이 기본으로 0.5, 0.25 등으로 조절된다.

**표현 강도에 따른 차이 2**
(출처 : https://pokeit.ai)

미리 설명되었던 프롬프트에 더해 이미지의 퀄리티를 높일 수 있는 몇 가지 프롬프트를 더하면 다음과 같은 프롬프트가 만들어진다.

## 프롬프트 5

이미지 묘사(프롬프트)

'검고 긴 머리는 가진 아름답고 상냥한 K-pop idol, 한복을 입고 공원 벤치에 앉아 있다. 하이퀄리티, 포토리얼리스틱, 드라마틱한 조명, 좋은 품질 사진, 매우 사실적인 디테일, 선명한 초점, 디테일한 피부'

'A beautiful and sweet K-pop idol, with long black hair, wearing a Korean traditional costume, is sitting on a park bench. High quality, photorealistic, dramatic lighting, good quality photos, very realistic details, sharp focus, detailed skin'

제외해야 할 이미지 묘사(네거티브 프롬프트)

'길어진 손가락, 긴 목, 중복된 코, 너무 하얗고 창백한 얼굴, 너무 큰 눈, 너무 인공적으로 보이는 얼굴, 5개 이상의 손가락'

'Elongated fingers, long neck, overlapping nose, face too white and pale, eyes too large, face too artificial looking, more than 5 fingers'

프롬프트를 사용해서 만들어진 이미지는 다음과 같다.

프롬프트 5에 의한 포킷.AI 이미지 생성
(출처 : 저자 작성)

# 이미지 생성 AI의 다양한 세계

이미지 생성 AI를 시작하고 어느 정도 이미지를 만드는 경험을 하게 되면 무료 생성 웹서비스들의 느린 생성 속도, 낮은 이미지 퀄리티, 이상한 텍스트 해석 능력 등에서 벗어나서 좀 더 좋은 프로그램을 찾게 된다. 하지만 아직은 돈을 내는 프로그램을 사용할 자신이 없거나, 하이퀄리티의 프로그램을 사용하지 않아도 되는 경우는 무료지만 좀 더 좋은 퀄리티의 이미지를 만들어주는 프로그램을 찾게 된다.

구글에서 '무료 이미지 생성 AI'의 키워드로 검색을 하면 블루윌로우(BlueWillow), 레오나르도(Leonardo.ai), 플레이그라운드(PlaygroundAI), 드림 스튜디오(Dreamstudio.ai), 드림 바이 웜보(Dream.ai/create), 오픈드림(Opendream.ai) 정도가 나온다(2023년 10월 25일 기준).

다음에서는 무료 이미지 생성 AI 사이트 중 가장 접근하기 쉽고 가성비 좋은 웹서비스 2곳을 소개하고자 한다.

### 플레이그라운드 AI(Playground AI)

플레이그라운드 AI는 엔비디아 리서치(NVIDIA Research)에서 개발한 AI 이미지 생성 프로그램이다. 스테이블 디퓨전 모델과 플레이그라운드 모델, Dall_E2 모델을 사용하고 있다. 스테이블 디퓨전 모델의 경우 SDXL 1.0버전까지 업데이트가 되어 있다. 이 웹서비스의 가장 좋은 점은 무료로 한 달에 500개의 이미지를 생성할 수 있고, 상업적으로 사용할 수 있다는 것이다.

플레이그라운드 AI 로그인
(출처 : https://playgroundai.com)

텍스트 투 이미지도 가능하고 이미지 투 이미지도 가능하다. 필터의 경우 모델의 종류에 따라서 달라진다. 스테이블 디퓨전 XL 모델의 경우 Realistic(사실적인 이미지를 생성하는 필터), Cinematic(영화 같은 이미지를 생성하는 필터) 등을 비롯한 23개의 필터를 가지고 있다.

플레이그라운드 AI 스테이블 디퓨전 XI 모델 필터
(출처 : https://playgroundai.com )

포킷.AI에서 사용했던 프롬프트 4를 사용해서 이미지를 그려보자.

**프롬프트 4**

'귀여운 아기 고양이가 공원 벤치에 앉아 있다. 주변에는 꽃이 많이 피어 있는 시냇물이 흐르고 있다.

A cute baby cat is sitting on a park bench. There is a brook flowing with many flowers around it.'

플레이그라운드 AI와 같은 웹서비스를 사용하는 이유는 결국은 디테일한 프롬프트를 사용할 수 있느냐 없느냐에 따라 달라진다.

똑같은 프롬프트인 프롬프트 4를 가지고 미드저니에서 이미지를

플레이그라운드 AI SDXL 1.0 모델, 프롬프트 4 생성 이미지
(출처 : 저자 작성)

그리면 다음과 같다. 물론 활자에 대한 이해는 좋고 그림 생성 속도도 빠르다. 하지만 프롬프트를 디테일하게 넣지 않으니 원하는 이미지의 속성이 안 나온다. 만약 생성자가 실사와 같은 이미지를 원했다면 다음 이미지는 잘못된 것이다.

즉, 미드저니의 경우는 실사와 같은 이미지를 만들어내려면 실사 이미지를 위한 프롬프트(조명, 카메라, 포커스 정도, 필름, 리얼리스틱이란 단어 등)를 넣어주어야 한다. 하지만 플레이그라운드 AI와 같이 만들어진 프로그램은 그런 디테일한 프롬프트 없이도 모델과 필더만 가지고도 어느 정도 원하는 정도의 이미지가 생성된다. 하지만 반대로 이야기하면 세부 조정이 힘들다는 이야기도 되기 때문에 초급자의 경우는 이런 무료 또는 가성비 좋은 프로그램에서 프롬프트에 대한 것들을 공부한 후 미드저니로 입문해서 좋은 퀄리티의 이미지를 만드는 것을 권한다.

미드저니, 프롬프트 4 생성 이미지
(출처 : 저자 작성)

## 스테이블 디퓨전(Stable Diffusion)의 클립드롭AI, 드림스튜디오AI

스테이블 디퓨전은 이미지 생성 AI에 있어서 미드저니와 양대산맥을 이루고 있는 대표적인 프로그램이다.

독일 뮌헨 대학 머신비전앤어닝 그룹의 연구를 기반으로 만들어진 프로그램으로 스타트업인 스테빌리티AI가 여러 학술 연구원 및 비영리 단체와 공동으로 개발한 AI다. 이렇다 보니 이미지 생성 AI에 대한 소스를 오픈하고 있다. 이런 장점으로 최근 이미지 생성 AI를 활용한 다양한 기능의 앱이나 웹서비스의 경우 대부분 스테이블 디퓨전 API를 사용하고 있다(앞서 설명한 뤼튼의 이미지 생성 기능도 스테이블 디퓨전 API를 사용했다).

오픈 소스 프로그램이다 보니 일반 소비자도 스테이블 디퓨전 사용에 비용이 들지 않는다는 장점이 있다. 그러나 비용이 무료라는 장점과 함께 전문적이지 않은 소비자, 즉 쉽게 이야기해서 컴퓨터나 인터넷 기반의 프로그램을 원활하게 내려받고 설치할 수 없는 일반 소비자들은 설치부터 어려움을 느끼게 한다.

물론 설치 정보를 올려놓으신 분들은 다음과 같이 따라만 하면 쉽게 된다고 써넣고 있다. 하지만 초기 설치 화면만 봐도 바로 어려움을 느끼게 되는 분들이 많이 있어 사용에 있어 벽은 꽤 높은 편이다. 하지만 포기하지 말자.

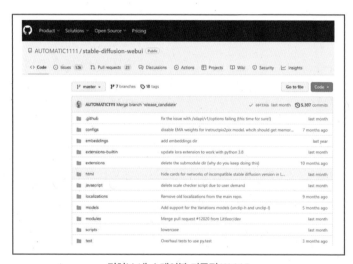

깃허브 내 스테이블 디퓨전 WebUI
(출처 : https://github.com/AUTOMATIC1111/stable-diffusion-webui)

스테빌리티 AI에서는 스테이블 디퓨전 모델을 사용할 수 있는 유료 웹서비스와 무료 웹서비스를 공개하고 있다.

2023년 9월까지는 무료였지만 유료로 전환된 클립드롭(ClipDrop)

은 스테이블 디퓨전 모델을 편하게 사용할 수 있게 만든 대표적인 프로그램이다.

유료로 전환된 이후로는 SDXL1.0 버전의 텍스트 투 이미지와 스케치를 이미지로 만들어주는 기능의 경우 유료 결제를 해야만 사용 가능하다. 이미지 세부 조정(배경 지우기, 이미지 내 글자 지우기, 이미지 업스케일, 리라이팅 기능, 배경 바꾸기 등)을 위한 기본적인 기능은 무료로 사용이 가능하다.

깃허브 내 스테이블 디퓨전 WebUI
(출처 : https://clipdrop.co)

클립드롭의 툴 중에 하나가 스테이블 디퓨전 XL이다. 클립드롭 AI/스테이블 디퓨전 프로그램의 표현 스타일로는 애니메이션, 사진, 디지털 아트, 코믹 북, 판타지 아트, 아날로그 필름, 네온펑크, 아이소메트릭, 라인 아트, 3D 모델, 픽셀 아트 등이 있다. SDXL 1.0 버전으로 업데이트가 되면서 늘어난 툴들을 살펴보면, 다양한 스타일이 생기고 프롬프트의 이해도도 높아진 것을 알 수 있다.

클립드롭 내 스테이블 디퓨전 XL
(출처 : https://clipdrop.co)

앞서 설명한 포킷.AI에서 사용한 프롬프트를 사용해서 이미지의 퀄리티를 한번 비교해보자. 당연히 이 웹서비스는 영어 프롬프트만 사용이 가능하다. 프롬프트 4를 번역기를 통해 영어로 번역 후 프롬프트로 입력했다. 프롬프트를 사용하고 스타일은 포토로 했을 때의 생성된 이미지는 다음과 같다.

**프롬프트 4**

"귀여운 아기 고양이가 공원 벤치에 앉아 있다. 주변에는 꽃이 많이 피어 있는 시냇물이 흐르고 있다.

A cute baby cat is sitting on a park bench. There is a brook flowing with many flowers around it."

클립드롭 스테이블 디퓨전 XL으로 생성한 프롬프트 4 이미지
(출처 : 저자 작성)

사용 시 장점은 쉬운 프롬프트로도 꼼꼼하고 퀄리티 좋은 이미

지를 만들어낼 수 있다는 것이다. 다만 생성 속도는 가장 느린 편이라는 단점이 있다.

또 하나의 스테빌리티 AI 사의 유료 웹 서비스로 드림 스튜디오 (Dream Studio AI, https://beta.dreamstudio.ai)가 있다.

드림 스튜디오 AI는 5,000개까지 이미지 생성을 할 수 있는 1,000크레딧을 10$ 유료 프로그램으로 운영하고 있다. 하지만 스테이블 디퓨전의 매력은 다양한 모델 프로그램을 다운받고 세부 조정까지 해 가면서 무료로 이미지를 만들고 퀄리티를 높이는 데 있기 때문에 굳이 드림 스튜디오 AI 사용을 권장하지 않는다. 현재는 드림 스튜디오 AI의 오픈 소스 버전인 스테이블 스튜디오(Stable

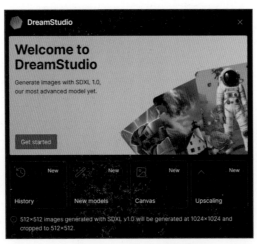

드림스튜디오 AI 초기 화면
(출처 : https://beta.dreamstudio.ai)

Studio) WebUI까지 나와서 서비스되고 있다.

따라서 드림스튜디오 결제보다는 클립드롭 결제를 해서 다양한 서비스를 활용해보는 것이 좋고 정말 수준 높은 이미지 생성을 위해서는 다음 챕터에 나올 미드저니 활용을 권한다.

### 이미지 생성 프롬프트 작성에 도움이 되는 프로그램

https://www.the-ai-art.com

이 사이트는 이미지 생성 AI 프롬프트의 다양한 예술적 표현을 익히기 좋은 사이트이다. 기본적으로 이미지 생성 AI의 학습 데이터가 예술 작품이나 사진이 아니면 애니메이션 이미지였을 것이다. 따라서 이미 이미지 생성 AI는 이런 영역에서 사용하고 있는 전문적인 용어들을 학습하고 알고 있다. 단, 사용자가 전문적인 이미지

the-ai-art.com 초기 화면
(출처 : https://www.the-ai-art.com )

를 뽑기 위해서는 전문적인 용어들을 알아야 하는데 이런 용어들 특히나 영어 표현을 알기가 쉽지 않다. 이런 문제점을 해결할 수 있게 전문적인 용어나 작품의 표현 방식을 정리해놓은 사이트가 바로 이곳이다.

the-ai-art.com에는 이미지 생성 AI를 위한 전문적인 용어 또는 표현들과 이를 이용했을 때의 이미지 표현까지를 보여주고 있다. 고전 서양화의 아티스트 이름부터 디지털 아트 작가의 이름과 그 스타일을 보여주고 있으며 카메라 앵글, 필터 효과, 필름 효과, 렌즈 및 조명 효과, 소재에 따른 표현 방법, 사진 스타일 등 다양한 전문적인 프롬프트를 보여주고 있다. 그뿐만 아니라 애니메이션이냐, 고대 시대의 벽화냐, 아니면 팝아트 스타일이냐 등등을 보여주

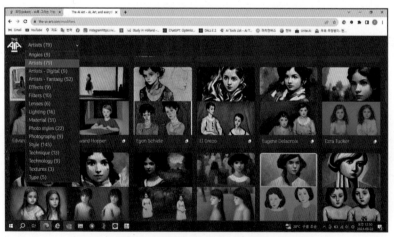

the-ai-art.com에 수록된 용어 카테고리와 아티스트들
(출처 : https://www.the-ai-art.com)

는 스타일 카테고리에는 145개의 프롬프트가 있어 내가 어떤 이미지를 원하는데 그 프롬프트 표현 방식을 모를 때 활용하면 굉장히 유용하다. 예를 들어서 아티스트 카테고리를 보면 79명의 회화 아티스트의 이름과 그들의 이름을 활용했을 때 그려지는 이미지들의 예를 보여준다.

아티스트들을 소개한 자료를 보면 폴 고갱, 루벤스, 르느와르, 몬드리안, 램브란트 등 유명 화가 이름과 함께 이런 화가 이름을 프롬프트로 썼을 때 어떤 풍의 이미지가 그려지는 지에 대한 예를 보여준다.

145개가 있는 스타일 프롬프트의 예는 다음 자료와 같다.

the-ai-art.com에 수록된 스타일
(출처 : https://www.the-ai-art.com)

### 미드저니 프롬프트 헬퍼(Midjourney Prompt Helper)
이미지 생성 AI를 위한 다양한 프롬프트를 이미 알고 있다면 얼마든지 좋은 이미지를 만들 수 있지만, 초보자의 경우 프롬프트 표현을 어떻게 하는지에 대한 것도 고민이다. 다음의 이미지는 클립드롭 AI/스테이블 디퓨전을 사용해 만들었고 프롬프트는 다음과 같다.

### 프롬프트 6

'해질녘 요트 갑판에 서 있는 중년 남성의 초상화, F1.2 조리개 설정, 100mm 렌즈가 장착된 cannon EOS R5를 사용해 배경을 흐리게 하고 피사체 분리, 남자의 얼굴에 따뜻한 황금빛 빛이 내리면서 바다의 따뜻한 일몰의 배경이 보여야 함. 꿈 같은 조명 효과를 사용해서 고요하고 평화로운 이미지'

'Portrait of middle aged man standing on yacht deck at sunset, F1.2 aperture setting, using cannon EOS R5 with 100mm lens to blur background and isolate subject, warm golden light on man's face, warm sunset over the sea The background must be visible. Tranquil and peaceful images using dreamlike lighting effects'

사진과 같은 이미지를 만드는 데는 몇 가지 팁이 있다. 바로 조명 효과와 카메라와 조리개의 사용이다. 카메라 기술에 전문가거나 많은 프롬프트 생성 경험이 있다면 이런 점을 알고 바로 사용할 수 있을 것이다. 하지만 초보자들은 이런 효과 장치들이 필요하다는

클립드롭 AI/ 스테이블 디퓨전에 의한 프롬프트 6
(출처 : 저자 작성)

것도 알기 어렵고 어떻게 사용했는지도 잘 모른다. 이럴 때 도움을

받을 수 있는 사이트가 미드저니 프롬프트 헬퍼(https://promptfolder.

com/midjourney-prompt-helper)다.

미드저니 프롬프트 헬퍼 초기 화면
(출처 : https://promptfolder.com)

다음 장에 설명하겠지만 미드저니의 경우 메뉴가 없으므로 모든 프롬프트를 글로 써야 한다. 세부 조정이 되는 파라미터도 마찬가지다. 미드저니 프롬프트 헬퍼는 이런 파라미터까지 메뉴로 선택해서 프롬프트로 넣을 수 있게 해준다.

앞서 만든 해질녘 요트 갑판에 서 있는 중년 남성의 초상화를 기반으로 해서 미드저니 프롬프트 헬퍼를 통해서 다음과 같은 프롬프트를 만들어냈다.

**프롬프트 7**

**미드저니용 프롬프트**

'해질녘 요트 갑판에 서 있는 중년 남성의 초상화, 1:1 크기, 다빈치 스타일, 악센트 조명, DSLR 카메라, 미드저니 5.1'

/imagine prompt: Portrait of middle aged man standing on yacht deck at sunset,::1.1 da vinci::3 accent lighting::3 dslr::3 —aspect 1:1 —version 5.1 —quality .25 —stylize 100 —chaos 0 —stop 100 —repeat 1 —weird 0

앞서 만든 프롬프트는 미드저니 프롬프트 헬퍼에서 짧은 시간 내로 만들어낸 결과다. 초보자라면 이 미드저니 프롬프트 헬퍼 이용한 연습을 통해 프롬프트와 각 파라미터를 대해 학습할 수 있다. 단 아직 아쉬운 점이 있다면 앞의 프롬프트는 2023년 8월 30

일 미드저니 프롬프트 헬퍼 버전에서 만든 것이다. 기존 미드저니 프롬프트 헬퍼는 Noonshot에서 서비스하고 있었는데 얼마 전에 Promptfolder라는 곳과 합쳐져 현재 URL이 되었다. 그 후에 지속적으로 업데이트하고 있는데 아직은 기존에 있었던 기능 중 몇 가지는 반영이 안 되어 있다. 추후 업데이트를 기대해본다.

초보자에게 미드저니 프롬프트 헬퍼의 기능은 꽤 강력하다. 하지만 미드저니의 기능은 이 프롬프트 헬퍼에서 제공해주는 기능 외에도 무궁무진하기 때문에 많이 공부하고 시행착오를 할수록 만들어낼 수 있는 이미지의 종류와 그 퀄리티는 상상을 초월한다. 아마도 이 책을 다 읽을 때는 미드저니 프롬프트 헬퍼 기능의 도움을 받지 않아도 꽤 수준 높은 프롬프트를 만들어낼 수 있을 것이다.

3장 _

AI 디지털 창작물을
활용한 수익화

# 개인 창작물 수익화 방법

　이미지 생성 AI를 활용한 수익화의 방법은 여러 가지가 있다. 이 중 가장 쉽게 개인이 할 수 있는 것은 이미지 생성 AI의 결과물을 디지털 창작물, 즉 아트처럼 생각해서 수익화를 얻는 방식이다. 물론 아주 전문적인 활용은 자신의 업무의 활용하는 방법도 있다. 예를 들어서 이미 광고 업계에서는 다양한 이미지 생성 AI만으로 광고를 만들어서 디지털 매체에 송출한 후 좋은 결과를 얻고 있다.

〈해리 포터〉를 활용한 발렌시아가 광고
(출처 : 유튜브/@balenciaga)

그뿐만 아니라 전문적인 디지털 웹툰 같은 영역에서도 이미지 생성 AI 의한 아웃풋이 만들어지고 있다. 과연 생성 AI는 이런 전문적인 사람들만 사용하고 일반적인 유저들은 그냥 취미생활로만 존재하게 되는 것일까? 전문적인 산업군 활용 외에 개인적인 생성 AI를 활용한 수익화 방안은 없을까? 물론 이미지 생성 AI의 활용은 전문적인 분야뿐만 아니라 일반 개인들도 다양한 방식으로 이익을 얻는 기회가 존재한다. 즉, 전문적인 산업군에서의 활용 외에도 개인적인 창작물을 기반으로 수익을 창출하는 방안이 존재한다는 것이다.

그 활용의 예를 몇 가지 들어보겠다.

## 온라인 아트 판매

이미지 생성 AI로 생성된 아트 작품을 디지털 아트 마켓플레이스나 웹사이트를 통해 판매할 수 있다. 이를 통해 아트 컬렉터나 아트 팬들에게 다양한 스타일의 작품을 제공하고 수익을 얻을 수 있다. 물론 이 영역에서는 저작권에 대한 이슈가 남아 있기는 하다.

## 상업적 라이센싱

이미지 생성 AI로 만들어진 그래픽이나 일러스트를 기업이나 브랜드에 판매하는 방식으로 상업적 라이선싱을 할 수 있다. 로고, 포스터, 광고 디자인 등 다양한 용도로 활용될 수 있고, 이미 몇몇

개인 디지털 아티스트들은 자신이 만든 이미지를 인스타그램 등에 올려놓은 후 라이센스 아웃을 해서 수익화를 하고 있다.

### 온라인 콘텐츠 생성

이미지 생성 AI를 활용해서 블로그, 소셜 미디어, 유튜브 등 다양한 플랫폼에 콘텐츠를 생성할 수 있다. 이를 통해 광고 수익, 후원, 광고주와의 제휴 등으로 수익을 창출할 수 있다.

### 교육 및 튜토리얼

이미지 생성 AI를 사용하는 방법을 가르치는 온라인 강의나 튜토리얼을 제작해 수익을 얻을 수 있다. AI의 활용법이나 창작 과정을 공유하며 수익을 창출할 수 있다. 요즘 인기 있는 키워드는 인공지능, 챗GPT, 미드저니 등으로 유튜브에서도 이 키워드를 활용한 많은 콘텐츠를 찾아볼 수 있다.

### 마케팅 자료 생성

기업이나 브랜드들이 활용할 수 있는 마케팅 자료를 이미지 생성 AI로 제작하는 것이 가능하다. 인포그래픽, 배너 광고, 소셜 미디어 콘텐츠 등이 해당한다.

# AI 생성 이미지로 돈 벌기

개인의 창작물을 수익화하는 방법들을 통해 이미지 생성 AI를 취미 또는 부업으로 활용해 수익을 창출할 수 있다. 다만, 중요한 점은 자신의 스킬을 발전시키고 타깃 시장을 잘 파악해 수익 창출의 기회를 극대화해야 한다는 것이다. 앞서 든 예시 중 이미지 생성 AI를 취미 또는 부업의 형태로 시작한 후 어렵지 않게 수익화를 할 수 있는 3가지 방법을 소개하겠다.

### 1. 아마존 KDP(https://kdp.amazon.com/en_US) 활용

아마존 KDP란 작가와 출판사가 독립적으로 자신의 책을 출판할 수 있는 시스템을 제공하는 플랫폼을 의미한다. 예를 들어서 어떤 사람이 자가 출판을 하고 싶다고 할 때 아마존 KDP 시스템을 통해 E-book 출판을 하고, 이렇게 출판된 E-book을 아마존에서 판매까지 할 수 있다. 이런 설명만 들으면 이미지 생성 AI가 아니라 텍스트 생성 AI의 수익화하고만 연관이 있을 것으로 생각이 들지만, 판매 가능한 책에는 활자 책뿐 아니라 컬러링 북, 그림책도 가능하다. 그러므로 이미지 생성 AI의 수익화 모델로 관심을 끌고 있다. 예전에는 미국의 엣시(Eysy) 사이트를 통해서 다양한 종류의 수제 북들이 판매되었지만, 엣시에 한국인 계정 콘텐츠 등록이 어려워지고 난 후로 아마존 KDP를 활용한 콘텐츠 판매가 이루어지고 있다.

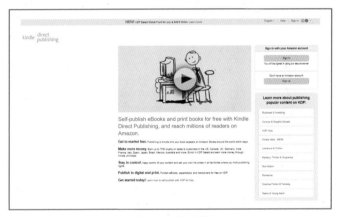

아마존 KDP 초기 화면
(출처 : https://kdp.amazon.com/en_US)

초기 화면을 보면 킨들용 콘텐츠 제작처럼 보여서 전혀 이미지 생성 AI와 상관없어 보이지만, 아마존 KDP 시장의 수익화는 문구류에서 만들어진다.

한국 시장에서는 다양한 연령대에 맞는 문구류가 이미 존재하지만, 미국의 문구류 특히 노트는 디자인이 다양하지도 않을뿐더러 내부 노트 모양도 다양하지 않다. 이 시장을 노린 것이 아마존 KDP를 활용한 이미지 생성 AI 제작물을 수익화 방법이다.

예를 들어서 아마존에서 일반 공책(Composition notebook)을 검색하
면 다음과 같은 종류가 나온다.

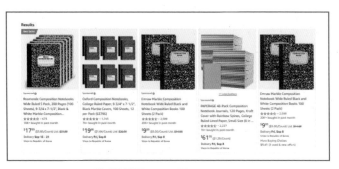

아마존 검색_composition notebook
(출처 : https://www.amazon.com)

그러나 누군가는 독특한 디자인의 노트를 원할 수 있다. 어린이
를 위한 독특한 디자인의 일반 공책(unique design composition notebook
for children)으로 검색하면 다음과 같은 결과가 나온다.

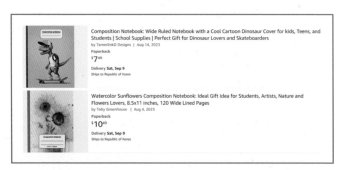

아마존 검색_unique design composition notebook for children
(출처 : https://www.amazon.com)

이런 노트의 경우 위의 검색 사진과 다르게 실물 사진이 아닌 커

버 이미지로 상품을 보이고, 클릭해서 상품 설명을 보게 되면 내지 이미지가 보이게 되어 있다. 이런 상품이 바로 아마존 KDP 시스템을 활용한 상품인 것이다.

앞에서 티라노사우루스가 보드를 타고 있는 이미지 노트가 누군가가 마음에 든다면 사이트 내에서 주문이 들어가고 주문량만큼 프린팅해서 배송해주게 된다.

머치 바이 아마존(Merch By Amazon)이 티셔츠 버전이라면 아마존 KDP는 일반 공책 또는 책 버전인 것이다.

간략하게 프로세스를 설명하면 미드저니를 이용해서 이미지를 만들고 이렇게 만들어진 이미지를 캔바(Canva) 등을 통해서 공책 표지 디자인과 내지 디자인하고 아마존 KDP 에 올려놓으면 판매가 되는 것이다.

과연 팔릴까?

한국 시장을 생각하면 전혀 팔릴 것 같지 않다. 그러나 아마존은 미국 시장이다. 인구수나 시장의 다양성이 한국과 다르다. 만약 팔지니 않았다면 현재 아마존 사이트에서 KDP를 활용한 디자인 노트가 보이지 않아야 할 것이다.

물론 경쟁이 없지는 않다. 이미 유튜브 사이트 내 콘텐츠로 아마존 KDP 수익화 방법을 보여주는 곳들이 꽤 있고 이들의 아마존 KDP 콘텐츠 수는 어마어마하다. 하지만 요즘처럼 K-Culture의 영향력이 막강하고 독특하면서도 트렌드한 한국적 특징을 잘 살린 이미지를 만들 수 있다면 아마존 내에서도 경쟁력이 있을 것이다.

게다가 아마존 KDP의 경우 마플샵처럼 셀러로 등록이 되지 않아도 판매할 수 있다. 재고 비용이나 운영 비용도 들지 않기 때문에 가장 처음 이미지 생성 AI를 활용한 수익화에 도전하고 싶은 분께 추천하는 사이트다.

## 2. 주문형 인쇄(POD) 활용

POD는 'Print of Demand'의 약자로 많은 양을 만든 후에 재고를 쌓아두고 판매하는 방식이 아닌 주문이 들어오면 그때그때 제작해서 판매하는 형식을 의미한다. POD로 판매가 가능한 상품군으로는 티셔츠에서 쿠션, 핸드폰 케이스, 커튼, 액자 등등의 인테리어 소품부터 문구류까지 가능하다.

이 POD 시장의 장점은 다음과 같다. 이와 같은 장점으로 1인 브랜드를 만들고자 하는 개인 사업자들한테 인기를 끌고 있다.

첫째, 초기 자본이 들지 않는다.

둘째, 주문 후 생산 방식이기 때문에 생산에 들어가는 노력을 줄일 수 있다.

셋째, 시장 확장성이 좋다. 글로벌 시장 접근이 쉽다.

현재 가장 고객이 많이 찾는 POD 사이트로는 해외 사이트로는 레드버블, 티스프링, 머치 바이 아마존 국내 사이트로는 마플샵, 위드굿즈 등이 있다.

**레드버블** https://www.redbubble.com

레드버블은 디자인, 일러스트, 사진, 음악, 비디오 등 다양한 디지털 콘텐츠를 판매하는 온라인 마켓플레이다. 레드버블에서도 POD 상품을 판매할 수 있고 장점은 전 세계의 소비자들에게 상품을 판매할 수 있다는 것이다.

레드버블 초기 화면
(출처 : https://www.redbubble.com)

레드버블의 장점은 올인원 서비스라는 점이다. 이 한 사이트에서 상품 제작, 배송, 마케팅까지 해주는 아주 간편한 사이트다. 이런 장점으로 방문객 수가 전 세계적이고 그 중 특히 미국 시장 고객이 많다. 디자인 판매자는 디자인한 그림을 업로드하고 여러 상품에 리스팅 후 등록만 해주면 이곳 자체에서 판매가 된다. 업로드 비용은 무료이고 판매 수수료(20%)만 제외하게 된다.

단점은 해외 사이트다 보니 정산을 위해서 페이팔이나 페이오니아 등 해외 계좌가 필요하다. 또한 워낙 레드버블 자체의 진입 장벽이 낮다 보니 많은 디자인이 존재하고 그중에서 내 디자인이 돋보이려면 정말 뛰어난 퀄리티와 트렌디함과 독특함이 있어야 한다. 아니면 약간의 마케팅이 필요하다. 레드버블의 검색으로 나의 디자인이 보이게 하는 트렌디한 태그와 좋은 제목 설정이 필요하고 사이트 내 마케팅뿐 아니라 핀터레스트나 인스타그램 등에서의 마케팅을 병행할 때 더 많은 수익을 거둘 수 있다.

### 판매 순서

① 레드버블 사이트(www.redbubble.com) 접속 후 아티스트 가입

페이팔 계좌가 있을 경우 등록 없으면 페이팔이나 페이오니아 가입 후 계정 등록 필수

② 디자인 올리기

이미지를 올리고 나면 영어로 제목, 태그, 기술을 써주는데, 이때 사용하는 제목과 태그는 검색 횟수가 많은 단어를 사용해주는 것이 디자인 노출에 쉽다. 그뿐만 아니라 이미지 크기를 조정해서 다양한 상품에 적용을 시킬 수 있게 만드는 것이 좋다.

예를 들어서 커다란 티셔츠의 들어가는 이미지와 핸드폰케이스에 들어가는 이미지 크기가 같다면 디자인적으로 좋지 않게 나올 가능성이 크기 때문에 가능한 활용도 높게 이미지 크기를 조절해서 올려놓는 것이 유리하다.

③ 판매하기

②까지 작업을 완료하면 나의 디자인이 다양한 상품에 적용되어서 보이게 된다. 이것을 보고 구매자가 구매하게 된다.

간략한 레드버블을 이용해서 이미지 생성 AI에서 만든 디자인을 판매하는 방식을 살펴봤다. 레드버블이 간단하고 편리하지만, 마지막 제작 상품이 가격과 비교하면 퀄리티가 낮다는 인식이 있다. 그러므로 어느 정도 경험을 쌓고 나면 좀 더 수익이 좋고 고객 반응이 좋은 사이트들과 함께하는 것을 권장한다.

### 마플샵 https://marpple.shop

마플샵은 국내 사이트로 자신만의 굿즈를 만들어 판매할 수 있는 커머스 플랫폼이다. 상품이 판매될 때마다 셀러에게 수익이 발생하는 구조로 샵은 마플샵에서 운영되기 때문에 셀러가 사업자등록증이나 통신판매업 신고를 하지 않아도 된다. 마플샵에서는 디자인 판매자를 크리에이트비 셀러라고 표현하는데 만 14세 이상이면 국적, 직업 등에 상관없이 지원할 수 있어 부담 없이 부업으로써 자신의 디자인을 판매할 수 있는 장점이 있다.

마플샵 셀러 신청은 초기 화면 왼쪽 중간에 있는 마플샵 셀러 신청을 클릭하면 프로세스가 진행이 된다.

신청한 후 일정 기간이 지나면 셀러 선정 결과가 통지된다. 따로 선정 기준에 대한 것은 고지되지 않았다. 단지 프로세스상에서 나

마플샵 초기 화면
(출처 : https://marpple.shop)

에 대한 프로필을 넣을 때 보여줄 수 있는 셀러로, 디자인을 보고 선정하는 것으로 보인다. 예를 들어서 자신이 그리거나 만든 이미지들을 볼 수 있는 인스타그램이나 블로그 등의 SNS 활동 또는 포트폴리오가 있다면 어렵지 않게 셀러로 선정된다.

마플샵 뿐 아니라 다른 POD 사이트에서도 마찬가지지만 단순히 미드저니만으로 이미지가 그려졌다고 해서 바로 상품에 적용되는 것은 아니다. 이미지의 크기나 출력의 형식, 그리고 배경의 유무 등 다양한 파일의 종류가 필요하다. 따라서 미드저니를 이용해서 이미지를 만들었더라도 포토샵이나 캔바, 미리캔버스 등을 통해서 이미지를 세부적으로 조정해야 한다.

다음은 마플샵에서 원하는 이미지의 퀄리티다. 마플샵의 경우 컬러모드가 CMYK이지만 모든 POD 사이트에서 다 이 컬러모드를 원하는 것이 아니기 때문에 각 사이트의 조건을 잘 맞춰야 판매가 쉽다.

**높은 퀄러티의 프린팅을 위한 파일 스펙**

파일 형식 고행상도 PNG파일 또는 고해상도 JPEG파일

컬러 모드 CMYK모드

용량 25MB 이내

사이즈 2,000px~4,000px 이내

내보내기 CMYK모드로 작업 후 웹용으로 저장 → PNG파일

마플샵 파일 스펙
(출처 : https://marpple.shop)

마플샵에서의 상품 가격은 기본 가격 + 디자인 가격인데 기본 가격이란 마플샵에서 가져가는 비용으로 상품 도매가 + 제작비다. 예를 들어서 핸드폰 젤리 케이스의 경우 기본 가격이 15,300원으로 디자인 비용을 1,000원 받으면 소비자가가 16,300원이 되는 것이다. 디자인 비용을 5,000원 받으면 20,300원의 소비자가가 형성된다. 시장에서 그 상품의 기본 가격을 감안해서 디자인 비용을 책정해서 상품이 판매되고 수익이 발생하게 된다.

### 3. 교육 콘텐츠 판매

챗GPT와 같은 생성 AI 사용이 보편화되면서 가장 크게 변할 산업군으로 교육업계가 있다. 오프라인에서의 지식 전달이 주를 이루

었던 교육업계가 점차 개인 맞춤형으로 디지털화되어서 공급되리라 예측되었다. 이는 지난 몇 년간 유행했던 코로나19라는 커다란 시련 안에서 더욱 가속화되었다. 코로나19 확산의 위험으로 우리는 모일 수가 없었고 이로 인해 오프라인 단체 교육보다는 온라인 교육 시스템이 더욱 확산했다. 이러한 변화의 흐름과 함께 생성 AI의 확산은 생성 AI 사용 지식에 대한 노하우를 교육 콘텐츠로 만들어 수익을 창출하는 비즈니스 확대로 이어졌다.

와디즈 펀딩 사이트 초기 화면
(출처 : https://www.wadiz.kr)

예를 들어서 와디즈라는 플랫폼이 있다. 2015년 오픈한 이 플랫폼은 크라우드 펀딩 플랫폼이다. 즉, 내가 원하는 상품이 있다면 그 상품에 펀딩을 해서 만드는 데 동참하게 된다. 이런 시스템이다 보니 초기에는 주로 IT, 전자제품 아이디어 상품이 중심이었다. 2020년 이후로는 화장품이나 식품 등 콘셉트의 특이성을 가지고 적은 수량을 제조하거나 수공예로 제작할 수 있는 상품이 주를 이루었다. 이 와디즈의 인기 상품 중의 하나가 클래스/컨설팅 부분의 자신만의 성공 노하우를 파는 상품들이다. 요즘은 챗GPT나 미드저니 같은 생성 AI 활용 노하우 클래스 콘텐츠가 인기를 끌고 있다.

이 플랫폼에서는 클래스나 컨설팅도 판매도 가능하지만, 전자책도 판매할 수 있다. 미리 광고하고 전차책 내부 콘텐츠를 알려서 선구매자를 구한다. 펀딩 기간이 끝난 후 그 선구매자들에게 전자책을 발행하는 시스템을 가지고 있다. 좋은 콘텐츠만 가지고 있다면 발행이나 제조에 대한 비용 부담 없이 펀딩을 통해서 수익화를 할 수 있다.

이뿐 아니라 이미지 생성 AI 이미지 제작 노하우를 동영상 콘텐츠화해서 교육 사이트에서 판매할 수 있다. 관련 플랫폼으로는 패스트캠퍼스, 인프런, 유데미 등이 있다.

**유데미** https://www.udemy.com

2010년 만들어진 미국의 온라인 교육 플랫폼이다. 가장 큰 장점은 많은 수강인원이고 교육 콘텐츠 올리는 데 있어서 진입 장벽이 낮은 편이다. 하지만 미국 사이트이다 보니 영어가 메인 언어인 점은 단점일 수 있다.

하지만 요즘은 워낙 번역 시스템이 잘 되어 있으므로 한국말을 인식시켜 영어 자막으로 바꿀 수가 있다. 좋은 콘텐츠를 가지고 교육 영상을 찍어서 유데미 사이트에서 수익화할 수 있다.

유데미 초기 화면
(출처 : https://www.udemy.com)

현재 유데미 내에서 미드저니(한국어)를 검색해보면 콘텐츠는 한 개가 나온다. 가격은 35,000원으로 221명이 수강했는데 유데미의 강사 수익 배분율 37%를 고려하게 되면 약 290만 원의 수익을 발생시킨 콘텐츠가 된 것이다. 여기에 유데미 강사가 되어서 강사 프로모션을 진행하고, 다른 강의를 다른 사람에게 추천해서 그 사람이 결제하게 되면 강사는 수익의 97%를 받게 되는 시스템이 있다. 이렇게 나의 노하우를 콘텐츠화해서 판매하는 것에 더해서 다른 수익까지 올릴 수 있다는 장점이 있다.

4장 _

미드저니
프로 되기

# 미드저니 공식 사용자 가이드

본격적으로 미드저니 활용을 시작하기에 앞서 버전별 특징을 살펴보자.

### MJ version 1

미드저니 V1은 매우 추상적이고 평면적인 이미지를 생성한다. 초기 버전으로 프롬프트 해석 능력이 상당히 제한된다.

### MJ version 2

V1 다음으로 나온 미드저니 V2도 초기 모델로 프롬프트를 정확하게 해석하지 못한다. 창의적이고 다채로운 이미지를 생성하지만, 입체적 표현이 부족해 평면적인 느낌이 강하다.

### MJ version 3

미드저니 V3에서는 프롬프트 해석이 향상된다. 여기서 미드저니의 창의성과 예술적 표현이 진정으로 발전하기 시작한다. 복잡한 프롬프트도 상당히 잘 처리할 수 있다.

### MJ version 4

미드저니 V4는 현재 미드저니의 기본 모델이다. 높은 수준의 지식을 가지고 있고 복잡한 프롬프트를 효과적으로 해석하며 이미지의 세부 사항을 잘 처리한다. 이미지 프롬프트 및 여러 프롬프트와 같은 고급 기능도 지원한다.

### MJ version 5

미드저니 V5는 V4보다 더 광범위한 학습을 거친 모델로 프롬프트 해석 능력이 독특하다. 그 결과, 이전에 미드저니와 스테이블 디퓨전과 비교할 때 한계로 여겨졌던 일부 실사 이미지를 달성할 수 있다.

### MJ version 5.1

실사의 경우 피부 질감 표현 개선, 자연어 처리 향상, RAW 모드 제공, 높아진 일관성, 프롬프트 정확도 개선, 원치 않던 테두리나 이미지에 텍스트 표시 현상 감소, 선명도 개선 등이 가능해졌다.

### Niji

니지 모드를 사용하면 사용자가 미드저니로 쉽게 일본 애니메이션 스타일의 이미지를 만들 수 있다. 단점은 프롬프트 처리 능력이 V4보다 상당히 낮다는 것이다. 현재는 전형적인 애니메이션 같은 이미지만 생성할 수 있지만, 생성적 AI가 빠르게 발전함에 따라 니지 모드도 크게 개선될 것으로 예상된다.

### test / testp

미드저니는 개발 중인 모델을 사용자가 시험해보고 피드백을 제공할 수 있도록 테스트 모델을 운영한다. 'test'와 'testp' 두 가지 모델이 운영되고 있다.

### 디스코드 가입하기

미드저니를 활용하기 위해서는 미드저니 디스코드에 가입해야한다. 미드저니 홈페이지(www.midjourney.com)에서 신규 회원가입을 하거나 바로 미드저니 디스코드를 방문한다.

### 디스코드 계정

미드저니 디스코드 서버에 가입하기 전에, 검증된 디스코드 로그인이 필요하다. 계정을 만드는 방법을 배우거나 계정을 검증하는 방법을 배워야 한다.

미드저니 디스코드 채널에 가입
(출처 : www.midjourney.com)

### 신입 채널 찾기

미드저니 공식 서버에서 왼쪽 사이드바에서 보이는 newbies-# 채널을 선택한다. 다른 서버에서 초대한 어떤 서버에서든 미드저니 봇으로 이미지를 생성할 수 있다.

(출처 : www.midjourney.com)

### /imagine 명령어 사용하기

디스코드 명령어에 대해 디스코드에서 {{glossary.Command}} 를 사용해 미드저니 봇과 상호작용할 수 있다. 명령어는 이미지를 생성하거나, 기본 설정을 변경하거나, 사용자 정보를 모니터링하거나, 다른 유용한 작업을 수행하는 데 사용된다.

/imagine 명령어는 짧은 텍스트 설명( {{glossary.Prompt}}로 알려져 있음)에서 고유한 이미지를 생성한다.

/imagine prompt 명령어를 입력하거나 슬래시 명령어 팝업에서 /imagine 명령어를 선택한다. prompt 필드에 생성하고 싶은 이미지의 설명을 입력한다. 메시지를 보내려면 return을 클릭한다.

미드저니 봇은 서비스 이용 약관에 동의하라는 팝업을 생성한다. 어떤 이미지도 생성되기 전에 반드시 서비스 이용 약관에 동의해야 한다.

커뮤니티 가이드라인(https://docs.midjourney.com/community-guidelines)을 준수한다. 미드저니 봇이 사용되는 어디에서든지 커뮤니티 가이드라인이 적용된다.

---

**PLUS TIP!**

미드저니 봇은 완성된 작품을 설명하는 명확하고 구체적인 문장에서 가장 잘 작동한다. 대화식 요청에는 잘 작동하지 않는다. 예를 들면, '번영하는 캘리포니아 양귀비의 사진을 보여줘, 밝고 생생한 오렌지색으로 만들고, 색연필로 그린 그림체로 그려줘,' 같은 입력값보다는, '색연필로 그린 생생한 오렌지색의 캘리포니아 양귀비'와 같이 더 구체적으로 원하는 것을 입력해야 한다.

---

(출처 : www.midjourney.com)

/imagine 명령어를 입력할 때 팝업이 보이지 않는다면, 로그아웃하고 디스코드 앱을 업데이트한 후 다시 로그인한다. 명령어는

봇 채널에서만 작동한다. #trial-support 같은 일반 채널에서는 명령어가 작동하지 않는다.

## 작업(이미지 생성) 실행

미드저니 디스코드 버튼 인터페이스의 이미지 그리드 생성 후 화면
(출처 : www.midjourney.com)

미드저니는 유료 구독프로그램이다. 무료로 25개의 작업을 생성할 수 있었지만, 지금은 유료로 가입해야 한다. 작업은 미드저니 봇을 사용하는 어떤 행동을 말한다.

작업에는 이미지 그리드를 생성하기 위해 /imagine 명령어를 사용하거나, 이미지를 업스케일하거나, 이미지 변형을 생성할 수 있다.

## 업스케일 또는 변형 생성

초기 이미지 그리드가 생성 완료된 후에는 두 줄의 버튼이 나타난다.

(출처 : www.midjourney.com)

U 버튼은 이미지를 업스케일하며 선택된 이미지를 큰 이미지 파일로 생성하고 더 많은 세부 사항을 추가한다.

(출처 : www.midjourney.com)

V 버튼은 선택한 그리드 이미지(1, 2, 3, 4 중에서 선택)의 변형을 원할 때 누른다. 변형을 생성하면 선택한 이미지의 전체 스타일과 구성과 유사한 새로운 이미지 그리드가 생성된다.

화살표가 회전하는 모양의 다시 실행 버튼은 작업을 다시 실행한다. 이 경우에는 원래의 프롬프트를 다시 실행해 새로운 이미지 그리드를 생성한다.

### 이미지 평가

이미지를 업스케일링한 후 새로운 옵션이 나타날 것이다.

(출처 : www.midjourney.com)

1. Make Variations(변형 만들기) : 업스케일된 이미지의 변형을 만들고 네 가지 옵션의 새로운 그리드를 생성한다.
2,3. Beta/Light Upscale Redo : 다른 업스케일러 모델을 사용해 업스케일을 다시 한다(https://docs.midjourney.com/upscalers).
4 Web(웹) : Midjourney.com의 갤러리에서 이미지를 열기

### 이미지 저장하기

초기 이미지 그리드가 생성 완료된 후에는 두 줄의 버튼이 나타난다. 이미지를 클릭해 전체 크기로 열고, 마우스 오른쪽 버튼을 클릭한 후 이미지 저장을 선택한다. 모바일에서는 이미지를 길게 탭한 다음 오른쪽 상단의 다운로드 아이콘을 탭한다.

모든 이미지는 즉시 midjourney.com/app에서 확인할 수 있다. 디스코드로 로그인해 확인한다.

### 플랜 구독하기

미드저니에는 세 가지 구독 등급이 있다. 매월 또는 전체 연도에 대해 20% 할인으로 지불한다. 각 구독 플랜에는 미드저니 회원 갤러리, 공식 디스코드, 일반적인 상업적 사용 약관 등에 대한 액세스가 포함된다.

### 구독하는 방법

/subscribe 명령어를 사용해 구독 페이지에 대한 개인 링크를 생성한다.

또는 Midjourney.com/account로 이동한다.

또는 미드저니 웹사이트에 로그인한 상태에서 사이드바에서 Manage Sub을 선택한다.

**구독 플랜 관리하기**

구독 플랜을 'https://www.midjourney.com/account'에서 관리한다.

| 구분 | 스탠다드 플랜 | 프로 플랜 | 프로 플랜 (스텔스) |
|---|---|---|---|
| 월간 구독료 | $10 | $30 | $60 |
| 년간 구독료 | $96 ($8 / 월) | $288 ($24 / 월) | $576 ($48 / 월) |
| 빠른 GPU 시간 | 3.3 hr/월 | 15 hr/월 | 30 hr/월 |
| 릴렉스 GPU 시간/월간 | – | 무제한 | 무제한 |
| 추가 GPU 시간 | $4/시간 | $4/시간 | $4/시간 |
| 다이렉트 메시지에서 혼자 작업 | ✓ | ✓ | ✓ |
| 스텔스 모드 | – | – | ✓ |
| 최대 큐 | 3개의 동시 작업 10개의 큐 대기 작업 | 3개의 동시 작업 10개의 큐 대기 작업 | 12개의 동시 빠른 작업 3 개의 동시 릴렉스드 작업 10개의 큐 대기 작업 |
| 이미지 평가를 통해 무료 GPU 시간 획득 | ✓ | ✓ | ✓ |
| 사용 권리 | 일반 상업적 약관* | 일반 상업적 약관* | 일반 상업적 약관* |

(출처 : www.midjourney.com)

이미지를 업스케일링한 후 새로운 옵션 세트가 나타날 것이다.

(출처 : www.midjourney.com)

### 스텔스 모드

미드저니는 기본적으로 오픈된 커뮤니티이며, 미니저니에서 모든 이미지 생성이 보여진다. 이에는 개인 디스코드 서버, 다이렉트 메시지, 미드저니 웹 앱에서 생성된 이미지가 모두 포함된다.

프로 플랜 구독자는 스텔스 모드를 사용해 미드저니 웹사이트에서 다른 사람이 자신의 이미지를 보는 것을 방지할 수 있다.

/stealth 및 /public 명령어는 스텔스 모드와 공개 모드를 전환한다.

스텔스 모드는 Midjourney.com에서 다른 사람이 이미지를 볼 수 없게 한다. 하지만 공개 채널에서 생성된 이미지는 스텔스 모드를 사용하더라도 항상 다른 사용자에게 보여진다. 스텔스 모드를 사용해 생성한 이미지를 다른 사람이 볼 수 없게 하려면, 다이렉트 메시지 또는 개인 디스코드 서버에서 이미지를 생성하도록 한다.

### 이미지 크기 이해하기

이미지의 크기가 어느 정도인지를 나타내는 많은 용어들이 있다. 해상도, 파일 크기, 픽셀 수, 인치당 도트 수, 고해상도 등의 단어를 혼용해서 사용하는 경우가 많다. 이러한 단어들이 의미하는 바를 이해하면 미드저니 이미지에서 원하는 결과를 얻는 데 도움이 될 수 있다.

이 가이드는 이미지 크기, 차원, 해상도, DPI에 대한 단순하고 비기술적이며 이해하기 쉬운 설명이다.

(출처 : www.midjourney.com)

### 이미지 파일이란 무엇인가?

.jpg, .png, .gif와 같은 이미지 파일들은 이미지를 생성하기 위한 지침이다. 각 이미지는 그림을 형성하는 작은 색상 타일(픽셀)의 모자이크다.

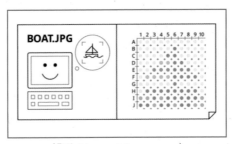

(출처 : www.midjourney.com)

이미지 파일을 색상 픽셀을 배열해 이미지를 생성하는 방법에 대한 지침 세트로 생각해보자.

### 파일 크기란 무엇인가?

파일 크기는 파일 내의 정보량과 직접적으로 관련이 있다. 보트 사진에서 파일에는 10개의 행과 10개의 열, 즉 100개의 정보가 포함되어 있다. 각 색상 점이 정보의 1바이트라면, 이미지 파일은 100바이트가 될 것이다. 파일에 색상 정보가 200×400 그리드로 되어 있다면, 이는 80,000바이트 파일(200×400=80,000)이거나 80,000바이트/1000=80킬로바이트 파일이 될 것이다.

### 이미지 차원

일반적으로 사람들은 이미지의 파일 크기를 킬로바이트나 메가바이트로 말하지 않는다. 그들은 이미지의 차원(열과 행 정보의 수)에 대해 이야기한다. 앞의 boat.jpg 예시는 10×10 픽셀 이미지로 설명된다. 1024×1024, 720p, 4K 등은 이미지의 픽셀 차원을 나타내는 간단한 방법이다.

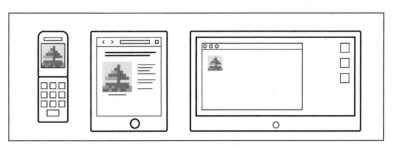

(출처 : www.midjourney.com)

모니터, 전화기, TV 또는 다른 화면에서 작업할 때 '고해상도' 이미지 파일은 없다. 중요한 것은 가지고 있는 정보량(이미지 차원)과 디스플레이 크기다. boat.jpg 이미지는 휴대폰에서는 크기가 적당하고, 태블릿 PC에서는 괜찮지만, 새로운 모니터에서는 부족할 수 있다. 같은 이미지를 모바일, 태블릿 PC, 일반 PC 화면에서 볼 수 있다.

## DPI(인치당 점수)

인치당 점수(Dots Per Inch), 인치당 픽셀(Pixels Per Inch), 센티미터당 점수(Dots Per Centimeter), 인치당 포인트(Points Per Inch) 모두 동일한 개념이다. 주어진 넓이에 있는 정보의 양을 뜻한다. 인치당 300픽셀은 각 인치에 색상 정보(픽셀, 인쇄된 CMYK)가 300개 있다는 것을 의미한다.

DPI는 화면에서 유용한 측정치가 아니다. 화면에서 중요한 것은 파일의 차원이다. 그러나 DPI는 인쇄할 때 매우 중요하다. 훌륭하게 보이는 인쇄물의 일반적인 표준은 인치당 300개의 색상 점이다. 300DPI는 개별 점들이 너무 밀집되어 있어 개별 점을 구별할 수 없고, 그림이 매끄럽고 선명하게 보인다.

그렇다면 다음 자료 파일의 DPI는 얼마일까? 파일이 이미지를 만드는 방법에 대한 지시사항만 포함하고 있다는 것을 알고 있으므로, DPI는 정보가 얼마나 밀집하게 또는 널리 패킹되는지를 프린터에 알려줄 때만 결정된다.

레고로 파일을 만드는 것에 대해 생각해보자. 동일한 설명서 세트를 가지고 있으면, 작은 1×1 브릭 더미가 있으면 정보를 2×2 브릭 더미로 시작하는 것보다 더 작은 공간에 패킹할 수 있다.

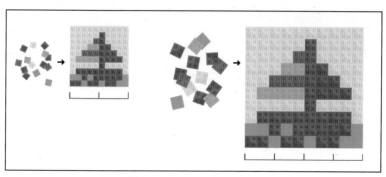

두 가지 크기의 타일을 사용하는 동일한 '파일 지침'이 있다. 간략한 수학 예제를 살펴보자.

1200×1200픽셀 이미지가 있다. 해당 이미지의 DPI는 무엇일까? 답은 인쇄하려는 크기에 따라 다르다는 것이다. 1200을 300으로 나누면 4가 된다. 따라서 1200×1200픽셀 이미지는 멋진 4×4인치 크기의 이미지를 생성한다. 한편 1200을 150으로 나누면 8이 된다. 따라서 1200×1200픽셀 이미지는 괜찮아 보이는 8×8인치 이미지를 생성한다. 1200을 100으로 나누면 12가 된다. 결과적으로 1200×1200픽셀 이미지는 보기에 안 좋은 12×12인치 이미지를 생성한다.

작업은 직접 메시지에서 이루어진다. 이미지를 업스케일링한 후 새로운 옵션 세트가 나타난다. 작문 도움말을 익히거나, 예술적 매체, 장소, 시대에 대한 설명이 이미지를 어떻게 바꾸는지 알아보자.

### 자신의 사진을 합성하는 방법 배우기

자신의 이미지를 업로드하고 /blend 명령을 사용해 이미지를 블렌딩하는 방법을 배워보자.

### 답변받기

도움이 필요하거나 질문이 있으면 다음 명령어를 입력하면 된다.

/help 미드저니 봇에 대한 유용한 기본 정보와 팁을 표시한다.

/ask 질문에 대한 답변을 얻을 수 있다.

더 많은 도움이 필요하면 미드저니 디스코드의 #trial-Support 채널을 방문하도록 한다.

### 블렌딩

/blend 명령어를 사용하면 2~5개의 이미지를 업로드한 후 각 이미지의 개념과 미학을 살펴보고 새로운 독특한 이미지로 병합한다.

/blend /imagine과 여러 이미지 프롬프트를 사용하는 것과 동일하지만, 인터페이스가 모바일 기기에서 쉽게 사용할 수 있도록 최적화되어 있다.

/blend는 최대 5개의 이미지와 함께 작동한다. 더 많은 이미지를 사용하려면 이미지 프롬프트와 함께 /imagine을 사용한다.

/blend는 텍스트 프롬프트와 함께 작동하지 않는다. 텍스트와 이미지 프롬프트를 함께 사용하려면 이미지 프롬프트와 텍스트를 함께 /imagine에 사용한다.

블렌딩 팁을 한 가지 알려드리자면, 최상의 결과를 위해 원하는 결과와 동일한 종횡비를 가진 이미지를 업로드하는 것이 좋다.

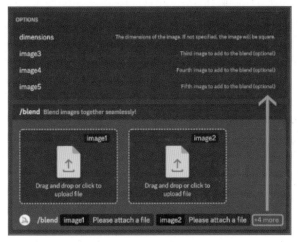

(출처 : www.midjourney.com)

### 프롬프트 노트

프롬프트는 매우 간단할 수 있다. 단일 단어(또는 이모지)로도 이미지를 생성할 수 있다. 매우 짧은 프롬프트는 미드저니의 기본 스타일에 크게 의존하므로 더 구체적인 프롬프트가 독특한 이미지 생성을 위해서는 더 좋다. 아주 긴 프롬프트가 항상 더 좋은 것은 아니다. 만들고자 하는 주요 개념에 집중한다.

### 문법

미드저니 봇은 문법, 문장 구조 또는 인간처럼 단어를 이해하지는 않는다. 단어 선택도 중요하다. 많은 경우에 구체적인 어휘가 더 잘 작동한다. '큰' 대신에 '거대한', '엄청난', '거대한' 등을 사용해보자. 가능한 경우 단어를 제거한다. 단어가 적을수록 각 단어의 영향력이 강해진다. 생각을 조직하는 데 쉼표, 괄호 및 하이픈을 사용해 도움을 받을 수 있지만, 미드저니 봇이 이를 정확하게 해석하지 못할 수 있다. 미드저니 봇은 대문자를 고려하지 않는다. 미드저니 모델 버전 4는 전통적인 문장 구조를 해석하는 데 다른 모델보다 약간 더 우수하다.

### 원하는 것에 집중한다

이미지 생성 시 구체적으로 설명하는 것이 좋다. 생성되는 특정 이미지가 나타나지 않도록 '케이크 없이'라고 설명했더라도 케이크 이미지가 나타날 수도 있다.

이때 활용하는 것이 --no 파라미터다. --no 뒤에 'cake'를 쓴다면 cake가 이미지에 생성되지 않을 것이다(단, 테스트 결과 100%는 아니었다).

예를 들어 --no text라고 한다면 이미지에 텍스트가 나타나지 않을 가능성이 높다. 원하는 이미지를 생성할 때 명확하고 구체적인 프롬프트를 구사하는 것이 중요하다. 다음을 고려해보자.

주제 : 사람, 동물, 캐릭터, 위치, 물건 등

매체 : 사진, 그림, 일러스트, 조각, 낙서, 태피스트리 등

환경 : 실내, 실외, 달 위, 나니아에서, 수중에서, 에메랄드 시티
에서 등

조명 : 부드러운, 주변의, 흐린, 네온, 스튜디오 조명 등

색상 : 활기찬, 어두운, 밝은, 단색의, 다채로운, 흑백의, 파스텔
톤 등

분위기 : 차분한, 평온한, 소란스러운, 활기찬 등

구도 : 초상화, 헤드샷, 근접 촬영, 조감도 등

## 프롬프트 탐색

미드저니의 기본 스타일에서는 짧은 단어 프롬프트조차도 아름다운 이미지를 생성할 수 있지만, 예술 매체, 역사적 시대, 위치 등과 같은 개념을 조합해 더 흥미로운 개인화된 결과물을 생성할 수 있다.

**매체 선택하기**

페인트, 크레용, 스크래치보드, 인쇄기, 반짝임, 잉크, 컬러 종이 등을 이용해 느낌 있는 이미지를 생성하는 가장 좋은 방법의 하나는 예술 매체를 구체적으로 지정하는 것이다.

프롬프트 예시 : /imagine prompt 〈어떤 예술 스타일〉 스타일 고양이

(출처 : www.midjourney.com)

**구체적으로 지정한다**

더 정확한 단어와 구문은 정확히 원하는 모습과 느낌이 드는 이

미지를 생성하는 데 도움이 된다. 페인트, 크레용, 스크래치보드, 인쇄기, 반짝임, 잉크, 컬러 종이 등을 이용해 느낌 있는 이미지를 생성하는 것은 스타일리시한 이미지를 만들기 위한 가장 좋은 방법의 하나다.

프롬프트 예시 : /imagine prompt 〈어떤 예술 스타일〉 스타일 고양이

(출처 : www.midjourney.com)

### 시간 여행

각각의 시대에는 독특한 시각적인 스타일이 있다.

프롬프트 예시 : /imagine prompt 〈연대〉 고양이 일러스트레이션

프롬프트 예시 : /imagine prompt 〈decade〉 cat illustration

(출처 : www.midjourney.com)

## Emote

감정 단어를 사용해 캐릭터에 개성을 부여할 수 있다.

프롬프트 예시 : /imagine prompt 〈검정〉 고양이

(출처 : www.midjourney.com)

## 색상 얻기

프롬프트 입력값에 따라 다양한 색상을 얻을 수 있다.

프롬프트 예시 : /imagine prompt 〈색상 단어〉를 통한 다양하게 색칠된 고양이 이미지들

(출처 : www.midjourney.com)

## 환경 탐색

다른 환경은 독특한 분위기를 조성할 수 있다.

프롬프트 예시 : /imagine prompt 〈장소〉 고양이

(출처 : www.midjourney.com)

## 기초 매뉴얼 : 커맨드 리스트

### 빛

미드저니 봇과 상호작용하기 위해 명령어를 입력해 디스코드에서 사용할 수 있다. 명령어는 이미지 생성, 기본 설정 변경, 사용자 정보 모니터링 및 기타 유용한 작업 수행에 사용된다.

미드저니 명령어는 미드저니 봇이 운영을 허용받은 개인 디스코드 서버의 모든 봇 채널이나 미드저니 봇과의 직접 메시지에서 사용할 수 있다.

### 명령어

/ask : 질문에 대한 답변을 받는다.

/blend : 두 개의 이미지를 쉽게 합성한다.

/daily_theme, #daily-theme : 채널 업데이트에 대한 알림 핑을 전환한다.

/docs : 공식 미드저니 디스코드 서버에서 이 사용자 가이드에서 다루는 주제에 대한 링크를 빠르게 생성한다.

/describe : 업로드한 이미지를 기반으로 예시 프롬프트 네 가지를 작성한다.

/faq : 공식 미드저니 디스코드 서버에서 많이 사용되는 프롬프트 작성 채널 FAQ에 대한 링크를 빠르게 생성한다.

/fast : 빠른 모드로 전환한다.

/help : 미드저니 봇에 대한 유용한 기본 정보와 팁을 표시한다.

/imagine : 프롬프트를 사용해 이미지를 생성한다.

/info : 계정 및 대기 중 또는 실행 중인 작업에 대한 정보를 확인한다.

/stealth : Pro 플랜 구독자 전용 – Stealth 모드로 전환한다.

/public : Pro 플랜 구독자 전용 – Public 모드로 전환한다.

/subscribe : 사용자의 계정 페이지에 대한 개인 링크를 생성한다.

/settings : 미드저니 봇의 설정을 확인하고 조정한다.

/prefer option : 사용자 정의 옵션을 생성하거나 관리한다.

/prefer option list : 현재 사용자 정의 옵션을 확인한다.

/prefer suffix : 모든 프롬프트의 끝에 추가할 접미사를 지정한다.

/show : 디스코드 내에서 이미지 작업 ID를 사용해 작업을 다시 생성한다.

/relax : Relax 모드로 전환한다.

/remix : Remix 모드를 전환한다.

## 프롬프트

프롬프트(Prompt)는 미드저니 봇이 이미지를 생성하기 위해 해석하는 짧은 텍스트 구문이다. 미드저니 봇은 프롬프트 내의 단어와 구문을 작은 조각으로 나누어 토큰이라고 불리는 것들로 분석한다. 이 토큰은 훈련 데이터와 비교되고 이미지 생성에 사용된다.

### 기본 프롬프트

기본 프롬프트는 단어, 구문 또는 이모지(Emoji, 그림 형태의 문자)와 같이 간단할 수 있다.

### 고급 프롬프트

고급 프롬프트에는 하나 이상의 이미지 URL, 여러 개의 텍스트 구문 및 하나 이상의 매개변수가 포함될 수 있다.

### 이미지 프롬프트

이미지 URL을 프롬프트에 추가해 최종 결과물의 스타일과 내용에 영향을 줄 수 있다. 이미지 URL은 항상 프롬프트의 맨 앞에 위치한다.

### 프롬프트 텍스트

생성하고자 하는 이미지에 대한 텍스트 설명이다. 프롬프트에 대한 정보와 팁은 다음을 참조한다. 잘 작성된 프롬프트는 멋진 이미지를 생성하는 데 도움이 된다.

### 파라미터(매개변수)

매개변수는 이미지 생성 방식을 변경한다. 매개변수는 종횡비, 모델, 업스케일러 등을 변경할 수 있다. 매개변수는 프롬프트의 끝에 위치한다.

### 디스코드 인터페이스

미드저니 봇과 디스코드에서 상호작용할 수 있다. 미드저니 서버에는 협업 작업, 기술 및 요금 지원, 공식 공지, 피드백 제공 및 토론을 위한 채널이 있다. 커뮤니티는 지원적이며 격려하며, 사용자들과 지식을 나누고자 하는 마음으로 시작하는 사용자들에게 도움을 주고자 한다.

미드저니 디스코드 : https://discord.gg/midjourney

(출처 : www.midjourney.com)

서버 리스트

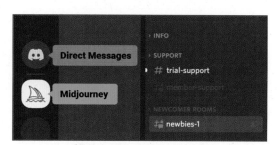

(출처 : www.midjourney.com)

## 직접 메시지

더 조용한 경험을 위해 직접 메시지에서 미드저니 봇과 일대일로 작업한다.

## 미드저니 공식 서버

협업 및 요금/기술 지원 채널이 있는 공식 미드저니 서버다.

### 채널 리스트

#newbies : 이미지를 생성하기 위해 어떤 #newbies 채널이든 방문한다.

### 멤버 리스트

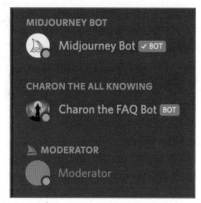

(출처 : www.midjourney.com)

### 미드저니 봇

/imagine 명령을 사용해 이미지를 생성하는 봇이다.

### 운영자와 가이드

운영자와 가이드는 지원 채널에서 요금 및 기술적인 문제를 도와줄 수 있다

### 이미지 그리드

/imagine 명령은 프롬프트에 기반해 저해상도 이미지 옵션 그리드를 생성한다. 각 이미지 그리드 아래의 버튼을 사용해 이미지의 다양한 변형을 생성하거나 이미지를 업스케일하거나 최근 미드저니 봇 작업을 다시 실행할 수 있다.

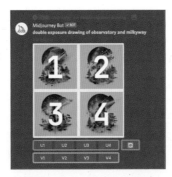

(출처 : www.midjourney.com)

### Upscale 버튼

U1, U2, U3, U4 버튼은 이미지를 업스케일해 선택한 이미지의 크기를 키우고 더 많은 세부 사항을 추가한다.

(출처 : www.midjourney.com)

## 다시 실행

리두(다시 실행) 버튼은 작업을 다시 실행한다. 이 경우, 원래의 프롬프트를 다시 실행해 새로운 이미지 그리드를 생성한다.

## 다양성 버튼

V1, V2, V3, V4 버튼은 선택한 그리드 이미지의 점진적인 다양성을 생성한다. 다양성을 생성하면 선택한 이미지의 전반적인 스타일과 구성과 유사한 새로운 이미지 그리드가 생성된다.

## 업스케일 다시 실행 버튼

다양성 만들기, 가벼운 업스케일 다시 실행, 베타 업스케일링 다시 실행 등 버튼 실행

다른 업스케일러를 사용해 이미지 다시 실행하기

## 웹에서 보기

웹 미드저니 웹사이트에서 이 이미지 보기

## 이미지 평가

이모지를 사용해 좋아하는 이미지 또는 싫어하는 이미지에 평가를 매길 수 있다. 높은 평가를 받은 이미지는 미드저니 웹사이트의 트렌딩 섹션에 나타날 수 있다. 구독자는 이미지를 평가함으로써

매일 무료 Fast GPU 시간을 1시간 받을 수 있다. 매일 상위 1000
명의 평가자에게 보너스 Fast 시간이 제공된다.


## 직접 메시지

일반 채널(#general) 또는 초보자 채널(#newbie)이 너무 빠르게 움직
이는 경우, 미드저니 구독자는 디스코드 직접 메시지에서 미드저니
봇과 일대일로 작업할 수 있다. 미드저니 봇과의 직접 메시지 방법
을 알아보자.


## 이모지 반응

미드저니 작업에 다양한 이모지로 반응해 이미지를 직접 메시지
로 보낼 수 있다. 또한 진행 중인 작업을 취소하거나 이미지를 삭제
할 수 있다.

(출처 : www.midjourney.com)

### 일일 테마 채널

#daily-theme 채널에서 재미있는 테마에 따라 그룹 이미지 생성에 참여한다. 채널 이름 옆에 오늘의 테마를 확인한다.

### 일일 테마 알림 끄기

일일 테마 채널의 알림을 받고 싶지 않다면? /daily_theme 명령을 사용해 해당 채널의 알림을 끌 수 있다.

### 직접 메시지

미드저니 구독자는 디스코드 직접 메시지에서 미드저니 봇과 일대일로 작업할 수 있다. 직접 메시지에서 생성된 이미지는 콘텐츠 및 모더레이션 규칙의 대상이 되며 미드저니 웹사이트 갤러리에서 볼 수 있다.

(출처 : www.midjourney.com)

멤버 목록에서 미드저니 봇을 클릭한다(또는 미드저니 봇 이름이 표시
된 곳 어디에서든 클릭할 수 있다). 미드저니 봇에게 메시지를 보내면 이
를 통해 미드저니 봇과의 직접 메시지 대화를 시작할 수 있다.

### 작성한 직접 메시지 찾기

디스코드 모바일 모드

(출처 : www.midjourney.com)

디스코드 데스크탑 모드

(출처 : www.midjourney.com)

## 문제 해결

봇에서 메시지를 보지 못하는 경우, 개인 정보 설정을 조정한다.

모바일

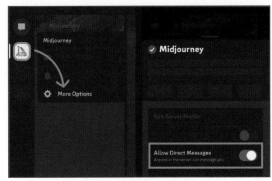

(출처 : www.midjourney.com)

데스크탑

(출처 : www.midjourney.com)

미드저니 서버 아이콘을 길게 누르고 개인 정보 설정을 선택한
다. '서버 멤버로부터의 직접 메시지 허용'으로 이동한 후, 미드저

니 서버 아이콘을 마우스 오른쪽 버튼으로 클릭하고 추가 옵션을 선택한다. '서버 멤버로부터의 직접 메시지 허용'을 켠다.

### 파라미터 리스트

파라미터는 프롬프트에 추가된 옵션으로, 이미지 생성 방식을 변경하는 역할을 한다. 파라미터를 사용하면 이미지의 종횡비를 변경하거나, 중간 모델 버전을 전환하거나, 어떤 업스케일러를 사용할지 변경하는 등 다양한 설정을 할 수 있다. 파라미터는 항상 프롬프트의 끝에 추가된다. 각 프롬프트에 여러 개의 파라미터를 추가할 수 있다.

```
/imagine  prompt  a vibrant california poppy --aspect 2:3 --stop 95 --no sky
```

### 애플 기기 사용

많은 애플 기기들은 이중 하이픈(—)을 긴 대시(—)로 자동으로 변경한다. 미드저니는 두 가지를 모두 인식한다.

### 기본 파라미터들

종횡비 : --aspect 또는 --ar : 생성물의 종횡비를 변경한다.

카오스 : --chaos 〈0~100 사이의 숫자〉 : 결과의 다양성을 변경한다. 높은 값은 더 특이하고 예상치 못한 생성물을 생성한다.

부정 : --no 부정적인 프롬프팅, --no plants는 이미지에서

식물을 제거하려고 시도한다.

품질 : --quality 〈.25, .5, 1, 또는 2〉, 또는 --q 〈.25, .5, 1, 또는 2〉 : 사용할 렌더링 품질 시간을 조절한다. 기본값은 1이다. 높은 값은 더 많은 비용을, 낮은 값은 더 적은 비용을 소요한다.

반복 : --repeat 〈1~40 사이의 정수〉, 또는 --r 〈1~40 사이의 정수〉 : 단일 프롬프트에서 여러 작업을 생성한다. --repeat은 작업을 여러 번 빠르게 다시 실행하는 데 유용한다.

시드 : --seed 〈0~4294967295 사이의 정수〉 : 미드저니 봇은 초기 이미지 그리드를 생성하기 위해 시드 번호를 사용해 텔레비전 정적과 유사한 시각적 잡음 필드를 시작점으로 생성한다. 시드 번호는 각 이미지마다 무작위로 생성되지만 --seed 또는 --sameseed 매개변수로 지정할 수 있다. 동일한 시드 번호와 프롬프트를 사용하면 유사한 결과 이미지가 생성된다.

중지 : --stop 〈10~100 사이의 정수〉 : 작업을 진행 중간에 완료하려면 --stop 매개변수를 사용한다. 이전 백분율에서 작업을 중지하면 흐릿하고 덜 자세한 결과물이 생성될 수 있다.

스타일 : --style 〈4a, 4b, 또는 4c〉 : 미드저니 Model Version 4의 버전 사이를 전환한다. --style 〈expressive, 또는 cute〉: Niji Model Version 5의 버전 사이를 전환한다.

스타일화 : --stylize〈숫자〉, 또는 --s 〈숫자〉 : 매개변수는

미드저니의 기본 미적 스타일이 작업에 얼마나 강력하게 적용되는지에 영향을 준다.

업라이트 : --uplight. U 버튼을 선택할 때 대체 '라이트' 업스케일러를 사용한다. 결과물은 원본 그리드 이미지에 더 가까워진다. 업스케일된 이미지는 덜 자세하고 부드럽다.

업베타 : --upbeta. U 버튼을 선택할 때 대체 베타 업스케일러를 사용한다. 결과물은 원본 그리드 이미지에 더 가까워진다. 업스케일된 이미지에는 크게 추가된 세부 사항이 적다.

### 기본값(모델 버전 4)

| | Aspect Ratio | Chaos | Quality | Seed | Stop | Style |
|---|---|---|---|---|---|---|
| Default Value | 1:1 | 0 | 1 | Random | 100 | 4c |
| Range | 1:2-2:1 | 0-100 | .25 .5 or 1 | whole numbers 0-4294967295 | 10-100 | 4a, 4b, or 4c |

(출처 : www.midjourney.com)

### 기본값(모델 버전 5)

| | Aspect Ratio | Chaos | Quality | Seed | Stop | Stylize |
|---|---|---|---|---|---|---|
| Default Value | 1:1 | 0 | 1 | Random | 100 | 100 |
| Range | any | 0-100 | .25 .5, or 1 | whole numbers 0-4294967295 | 10-100 | 0-1000 |

(출처 : www.midjourney.com)

2:1 이상의 종횡비는 실험적이며 예측할 수 없는 결과물을 생성할 수 있다.

## 모델 버전 매개변수

미드저니는 효율성, 일관성 및 품질을 향상시키기 위해 정기적으로 새로운 모델 버전을 출시한다. 서로 다른 모델은 다른 유형의 이미지에서 뛰어난 성능을 발휘한다.

Niji : --niji : 애니메이션 스타일 이미지에 특화된 대체 모델을 사용한다.

고해상도 : --hd : 더 크고 일관성이 덜한 이미지를 생성하는 초기 대체 모델을 사용한다. 이 알고리즘은 추상적이고 풍경적인 이미지에 적합할 수 있다.

테스트 : --test : 미드저니의 특별한 테스트 모델을 사용한다.

테스트p : --testp : 미드저니의 특별한 사진 중심 테스트 모델을 사용한다.

버전 : --version ⟨1, 2, 3, 4, 또는 5⟩, 또는 --v ⟨1, 2, 3, 4, 또는 5⟩ : 미드저니 알고리즘의 다른 버전을 사용한다. 현재 알고리즘 (V4)이 기본 설정이다.

## 업스케일러 매개변수

미드저니는 각 작업에 대해 저해상도 이미지 옵션 그리드를 생성한 후 미드저니 업스케일러를 사용해 이미지의 크기를 키우고 추가적인 세부사항을 추가할 수 있다. 이미지를 업스케일하는 데는 여러 가지 업스케일 모델을 사용할 수 있다.

### 업라이트

--uplight : U 버튼을 선택할 때 대체 '라이트' 업스케일러를 사용한다. 결과물은 원본 그리드 이미지에 더 가까워진다. 업스케일된 이미지는 덜 자세하고 부드럽다.

### 업베타

--upbeta : U 버튼을 선택할 때 대체 베타 업스케일러를 사용한다. 결과물은 원본 그리드 이미지에 더 가까워진다. 업스케일된 이미지에는 크게 추가된 세부 사항이 적다.

### Upanime

--niji 미드저니 모델과 함께 작동하도록 훈련된 대체 업스케일러를 사용한다. 이 업스케일러는 특히 --niji 미드저니 모델과 함께 작동하기 위해 만들어졌다.

### 기타 매개변수

이러한 매개변수는 특정 이전 미드저니 모델에서만 작동한다.

### 크리에이티브

--creative : test 및 testp 모델을 더 다양하고 창의적으로 수정한다.

### 이미지 가중치

--iw : 텍스트 가중치에 대한 이미지 프롬프트 가중치를 설정한다. 기본값은 --iw 0.25다.

### 동일한 시드

--sameseed : 시드 값은 초기 그리드의 모든 이미지에 적용되는 단일 큰 무작위 잡음 필드를 생성한다. --sameseed가 지정된 경우 초기 그리드의 모든 이미지는 동일한 시작 잡음을 사용하며 매우 유사한 생성된 이미지를 생성한다.

### 비디오

--video : 초기 이미지 그리드의 생성 과정을 저장하는 진행 비디오를 생성한다. 완료된 이미지 그리드에 이모지로 반응해 직접 메시지로 비디오를 보내도록 트리거한다. 이미지를 업스케일하는 경우 --video는 작동하지 않는다.

### 호환성

모델 버전 및 매개변수 호환성

| Affects initial generation | Affects variations + remix | Ver. 5 | Ver. 4 | Ver. 3 | Test / Testp | Niji | Niji 5 | Etc |
|---|---|---|---|---|---|---|---|---|
| **Max Aspect Ratio** ✓ | ✓ | any | 1:2 or 2:1 | 5:2 or 2:5 | 3:2 or 2:3 | 3:2 or 2:3 | 1:2 or 2:1 | any |
| **Chaos** ✓ | | ✓ | ✓ | ✓ | ✓ | ✓ | ✓ | ✓ |
| **Image Weight** ✓ | | | .5–2 default=1 | | any default=.25 | | | .5–2 default=1 |
| **No** ✓ | ✓ | ✓ | ✓ | ✓ | ✓ | ✓ | ✓ | ✓ |
| **Quality** ✓ | | ✓ | ✓ | ✓ | ✓ | ✓ | ✓ | ✓ |
| **Repeat** ✓ | | ✓ | ✓ | ✓ | ✓ | ✓ | ✓ | ✓ |
| **Seed** ✓ | | ✓ | ✓ | ✓ | ✓ | ✓ | ✓ | ✓ |
| **Sameseed** ✓ | | | | | ✓ | | | |
| **Stop** ✓ | ✓ | ✓ | ✓ | ✓ | ✓ | ✓ | ✓ | ✓ |
| **Style** | | | | | 4a, and 4b | | | expressive, and cute |
| **Stylize** ✓ | | 0–1000 default=100 | 0–1000 default=100 | 625–60000 default=2500) | 1250–5000 default=2500) | | | 0–1000 default=100) |
| **Tile** ✓ | ✓ | ✓ | ✓ | ✓ | | | | ✓ |
| **Video** ✓ | | | | | ✓ | | | |
| **Number of Grid Images** - | - | 4 | 4 | 4 | 2 (1 when aspect ratio≠1:1) | 4 | | |

(출처 : www.midjourney.com)

## 종횡비

--aspect 또는 --ar 매개변수는 생성된 이미지의 종횡비를 변경한다. 종횡비는 이미지의 가로 대비 세로 비율을 의미한다. 일반적으로 콜론으로 구분된 두 개의 숫자로 표현되는데, 예를 들어 7:4 또는 4:3과 같다.

정사각형 이미지는 가로와 세로의 길이가 동일한 1:1 종횡비를 가진다. 이미지의 크기가 1000px × 1000px이거나 1500px × 1500px이더라도 종횡비는 여전히 1:1이다. 컴퓨터 화면의 종횡비는 16:10일 수 있다. 가로 길이가 세로 길이보다 1.6배 길다는 의미다. 따라서 이미지는 1600px × 1000px, 4000px × 2000px, 320px × 200px 등이 될 수 있다. 기본 종횡비는 1:1이다.

--aspect은 정수로 사용해야 한다. 1.39:1 대신 139:100을 사용한다. 종횡비는 생성된 이미지의 모양과 구성에 영향을 준다. 일부 종횡비는 업스케일 중에 약간 변경될 수 있다.

### 최대 종횡비

미드저니 버전 모델은 각각 다른 최대 종횡비를 가지고 있다.

| Version 5 | Version 4c (default) | Version 4a or 4b | Version 3 | Test / Testp | niji |
|---|---|---|---|---|---|
| Ratios | any* | 1:2 to 2:1 | Only: 1:1, 2:3 or 3:2 | 5:2 to2:5 | 3:2 to 2:3 |

(출처 : www.midjourney.com)

--ar 매개변수는 각 모델의 최대 종횡비까지 모든 종횡비를 허용한다. 그러나 최종 출력물은 이미지 생성 또는 업스케일 중에 약간 수정될 수 있다. 예를 들어, --ar 16:9(1.78)를 사용하는 프롬프트는 7:4(1.75) 종횡비의 이미지를 생성한다.

2:1보다 큰 종횡비는 실험적이며 예측할 수 없는 결과를 낼 수 있다.

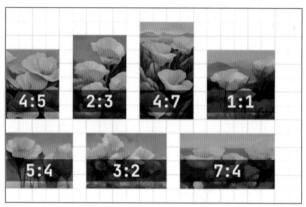

(출처 : www.midjourney.com)

프롬프트 예시 : imagine/ prompt vibrant california poppies --ar 5:4

일반적인 미드저니 종횡비

--aspect 1:1 : 기본 종횡비다.

--aspect 5:4 : 일반적인 프레임과 인화 비율이다.

--aspect 3:2 : 인쇄 사진에서 일반적으로 사용된다.

--aspect 7:4 : HD TV 화면 및 스마트폰 화면과 유사하다.


## 종횡비 변경 방법

종횡비 매개변수 사용하려면 프롬프트의 끝에 --aspect 〈값〉:〈값〉 또는 --ar 〈값〉:〈값〉를 추가한다.

### Chaos(카오스)

--chaos 또는 --c 매개변수는 초기 이미지 그리드의 다양성에 영향을 준다. 높은 --chaos 값은 더 독특하고 예상치 못한 결과와 구성을 생성한다. 낮은 --chaos 값은 더 신뢰할 수 있고 반복 가능한 결과를 가지게 된다.

--chaos는 0부터 100까지의 값을 받는다.

기본 --chaos 값은 0이다.

### Chaos의 작업에 대한 영향

낮은 chaos 값 : 낮은 --chaos 값 또는 값 지정하지 않고 실행한 작업마다 약간 다른 초기 이미지 그리드를 생성한다.

프롬프트 예시 : imagine/ prompt watermelon owl hybrid

(출처 : www.midjourney.com)

높은 −chaos 값 : 높은 −−chaos 값 사용 시 작업을 실행할 때마다 초기 이미지 그리드가 더 다양하고 예상치 못한 결과를 가지게 된다.

프롬프트 예시 : imagine/ prompt watermelon owl hybrid −−c 50

(출처 : www.midjourney.com)

매우 높은 −chaos 값 : 매우 높은 −−chaos 값 사용 시 작업을 실행할 때마다 초기 이미지 그리드가 다양하며 예상치 못한 구성이나 예술적인 매체를 가질 수 있다.

프롬프트 예시 : imagine/ prompt watermelon owl hybrid −−c 100

(출처 : www.midjourney.com)

Chaos 값 변경 방법 : --chaos 또는 --c 매개변수 사용하기

## 품질

--quality 또는 --q 매개변수는 이미지 생성에 사용되는 시간을 변경한다. 높은 품질 설정은 처리 시간이 더 오래 걸리고 더 많은 세부 정보를 생성한다. 높은 값은 작업당 더 많은 GPU 분을 사용한다. 품질 설정은 해상도에 영향을 주지 않는다.

기본 --quality 값은 1이다. 더 높은 값은 구독의 GPU 분을 더 많이 사용한다.

--quality는 .25, .5 및 1 값을 받는다. 큰 값은 1로 내림 처리된다.

--quality는 초기 이미지 생성에만 영향을 준다.

--quality는 모델 버전 1, 2, 3, 4, 5 및 niji와 호환된다.

높은 --quality 설정이 항상 더 좋은 결과를 내놓지는 않는다. 때로는 낮은 --quality 설정이 더 나은 결과를 얻을 수 있다. 만들려는 이미지에 따라 달라진다. 낮은 --quality 설정은 제스처적 추상적인 느낌을 위해서 가장 적합할 수 있다. 더 높은 --quality 값은 세부 사항이 많이 필요한 건축 이미지의 외관을 향상시킬 수 있다. 원하는 이미지 유형과 가장 일치하는 설정을 선택한다.

프롬프트 예시 : /imagine prompt woodcut birch forest -q .25

가장 빠른 결과, 가장 적은 세부 사항, 4배 빠르고 GPU 분의 ¼ 사용
(출처 : www.midjourney.com)

절반 품질, 덜 세부적인 결과, 2배 빠르고 GPU 분의 ½ 사용
(출처 : www.midjourney.com)

--quality 1

기본 품질, 기본 설정이다. 세부 사항과 속도 사이에 균형을 잘 이룬다.
(출처 : www.midjourney.com)

| Model Version₩ | Quality .25 | Quality .5 | Quality 1 | Quality 2 |
|---|---|---|---|---|
| Version 5 | √ | √ | √ | - |
| Version 4 | √ | √ | √ | - |
| Version 3 | √ | √ | √ | √ |
| Version 2 | √ | √ | √ | √ |
| Version 1 | √ | √ | √ | √ |
| niji | √ | √ | √ | - |

(출처 : www.midjourney.com)

## 품질 매개변수 사용 방법

--quality 또는 --q 매개변수 사용하기

프롬프트의 끝에 --quality 〈값〉 또는 --q 〈값〉을 추가한다.

(출처 : www.midjourney.com)

## 설정 명령어 사용하기

/settings를 입력하고 메뉴에서 원하는 품질 값을 선택한다.

Half Quality / Base Quality / High Quality (2배 비용)


Seeds(시드)

미드저니 봇은 초기 이미지 그리드 생성을 위해 시드 번호를 사용해 텔레비전 정적처럼 시각적 잡음 필드를 생성한다.

각 이미지에 대해 시드 번호는 무작위로 생성되지만, --seed 또는 --sameseed 매개변수로 지정할 수도 있다. 동일한 시드 번호와 프롬프트를 사용하면 비슷한 종료 이미지가 생성된다.

--seed는 0부터 4294967295까지의 정수를 받는다.

--seed 값은 초기 이미지 그리드에만 영향을 준다.

모델 버전 1, 2, 3, test 및 testp를 사용하는 동일한 --seed 값은 유사한 구성, 색상 및 세부 사항을 가진 이미지를 생성한다. 모델 버전 4, 5 및 niji를 사용하는 동일한 --seed 값은 거의 동일한 이미지를 생성한다. 시드 번호는 정적이지 않으며 세션 간에 의존해서는 안 된다.

### 시드 매개변수

시드가 지정되지 않은 경우 미드저니는 무작위로 생성된 시드 번호를 사용해 매번 다양한 옵션을 생성한다.

작업은 무작위 시드로 세 번 실행된다.

프롬프트 예시 : /imagine prompt celadon owl pitcher

작업은 --seed 123으로 두 번 실행된다.

프롬프트 예시 : /imagine prompt celadon owl pitcher --seed 123

### Sameseed 매개변수

--seed 값은 초기 이미지 그리드의 모든 이미지에 적용되는 단일 큰 무작위 잡음 필드를 생성한다. --sameseed가 지정된 경우 초기 이미지 그리드의 모든 이미지는 동일한 시작 잡음을 사용하며 매우 유사한 생성된 이미지를 생성한다.

--sameseed는 0부터 4294967295까지의 정수를 받는다.

--sameseed는 모델 버전 1, 2, 3, test 및 testp와만 호환된다.

### Stop(정지)

작업을 일부만 완료하려면 --stop 매개변수를 사용한다. 이전 백분율에서 작업을 중지하면 흐릿하고 세부 사항이 덜 담긴 결과물이 생성될 수 있다.

기본 --stop 값은 100이다.

Upscaling 중에는 --stop이 작동하지 않는다.

### Stop 비교

프롬프트 예시 : /imagine prompt splatter art painting of acorns --stop 90

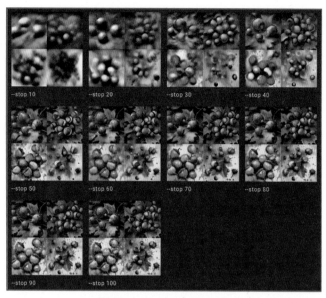

### Upscaling에 대한 Stop의 영향

--stop 매개변수는 Upscaling 중에 작업에 영향을 주지 않는다. 그러나 중지하면 초기 이미지가 더 부드럽고 세부 사항이 적게 담긴 이미지가 생성되며, 이는 최종 Upscaled 결과물의 세부 수준에 영향을 미친다. 아래의 Upscaled 이미지는 Beta Upscaler를 사용했다.

### Stop의 Upscaling에 대한 영향

Stop 백분율 변경 방법 : --stop 매개변수 사용하기

프롬프트의 끝에 --stop 〈값〉을 추가한다.

### Stylize(스타일)

이 미드저니 봇은 예술적인 색상, 구성 및 형태를 선호하는 이미지를 생성하는 데에 훈련되었다. --stylize 또는 --s 매개변수는 이 훈련이 얼마나 강력하게 적용되는지에 영향을 준다. 낮은 stylization 값은 프롬프트와 밀접하게 일치하지만, 예술적인 요소가 덜한 이미지를 생성한다. 높은 stylization 값은 매우 예술적이지만 프롬프트와의 연결성은 적다.

--stylize의 기본 값은 100이며, [V4 모델]을 사용할 때 0에서 1000까지의 정수 값을 받는다.

다른 미드저니 버전 모델은 다른 stylize 범위를 가지고 있다.

| | Version 5 | Version 4 | Version 3 | Test / Testp | niji |
|---|---|---|---|---|---|
| Stylize default | 100 | 100 | 2500 | 2500 | |
| Stylize Range | 0–1000 | 0–1000 | 625–60000 | 1250–5000 | |

(출처 : www.midjourney.com)

### 일반적인 Stylize 설정

프롬프트 예시 : /imagine prompt illustrated figs --s 100

(출처 : www.midjourney.com)

미드저니 모델 V5

프롬프트 예시 : /imagine prompt colorful risograph of a fig
--s 100

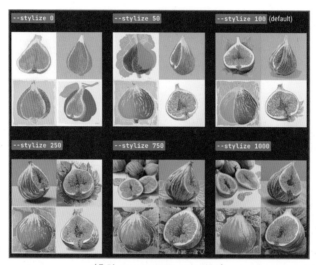

(출처 : www.midjourney.com)

## Stylization 값 전환 방법

Stylize 매개변수 사용하기

프롬프트의 끝에 --stylize 〈값〉 또는 --s 〈값〉를 추가한다.

## Settings 명령어 사용하기

/settings를 입력하고 메뉴에서 원하는 stylize 값 선택하기.

프롬프트의 끝에 --stylize 〈값〉 또는 --s 〈값〉를 추가한다.


### Tile(타일)

--tile 매개변수는 패브릭, 벽지, 텍스처를 위한 무한한 패턴을 만들기 위해 반복 타일로 사용될 수 있는 이미지를 생성한다.

--tile은 Model Versions 1, 2, 3, 5와 함께 작동한다.

--tile은 단일 타일을 생성한다. 타일의 반복을 확인하려면 Seamless Pattern Checker와 같은 패턴 생성 도구를 사용한다.


## 타일 예시

Midjourney Model Test/Testp 사용

(출처 : www.midjourney.com)

미드저니 Model 5 사용

(출처 : www.midjourney.com)

Tile 매개변수 사용 방법 : 프롬프트의 끝에 --tile을 추가한다.

### Video

영상을 생성하기 위해 --video 매개변수를 사용한다. 완료된 Job에 우편함 이모지로 반응하면 미드저니 봇이 비디오 링크를 Direct Messages로 보내준다.

--video는 이미지 그리드에만 작동하며, 업스케일에는 작동하지 않는다.

--video는 Model Versions 1, 2, 3, test, testp와 함께 작동한다.

How to Get a Video Link

Prompt example: /imagine prompt Vibrant California Poppies --video

1. 프롬프트의 끝에 --video를 추가한다.

2. Job이 완료되면 Add Reaction을 클릭한다.

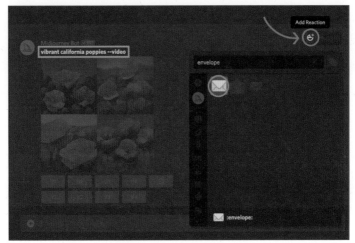

(출처 : www.midjourney.com)

3. 우편함 이모지를 선택한다.

4. 미드저니 봇이 영상 링크를 다이렉트 메시지로 보낸다.

5. 링크를 클릭해 브라우저에서 영상을 확인할 수 있다. 다운로
드하려면 마우스 오른쪽 버튼을 클릭하거나 길게 누른다.

(출처 : www.midjourney.com)

### 영상 매개변수 사용 방법

프롬프트의 끝에 --video를 추가한다.

### 반복 실행

--repeat 또는 --r 매개변수를 사용해 Job을 여러 번 실행할 수 있다. --repeat을 다른 매개변수와 함께 사용해 시각적 탐색을 더욱 빠르게 진행할 수 있다.

--repeat은 표준 및 프로 구독자에게 제공된다.

--repeat은 표준 구독자는 2에서 10까지의 값을, 프로 구독자는 2에서 40까지의 값을 입력할 수 있다.

--repeat 매개변수는 Fast GPU 모드에서만 사용할 수 있다.

--repeat Job의 결과에서 리두 버튼을 사용해 프롬프트를 다시 실행하면 한 번만 재실행된다.

### 고급 프롬프트

이미지를 사용해 작업의 구성, 스타일 및 색상에 영향을 주는 프롬프트를 만들 수 있다. 이미지 프롬프트는 텍스트 프롬프트와 함께 사용하거나 이미지를 조합해 다양한 스타일로 실험해본다. 가장 흥미로운 결과를 얻기 위해 다양한 스타일의 이미지를 조합해본다.

프롬프트에 이미지를 추가하려면 이미지가 온라인으로 저장된 웹 주소를 입력하거나 붙여넣기 한다. 주소는 .png, .gif, .jpg와 같은 확장자로 끝나야 한다. 이미지 주소를 추가한 후 추가적인 텍스트와 매개변수를 프롬프트를 완성하기 위해 입력한다.

이미지 프롬프트는 프롬프트의 가장 앞에 위치해야 한다.

프롬프트는 두 개의 이미지 또는 하나의 이미지와 추가적인 텍스트가 필요하다.

이미지 URL은 온라인 이미지로의 직접적인 링크여야 한다.

대부분의 브라우저에서 이미지를 마우스 오른쪽 버튼으로 클릭하거나 길게 눌러 이미지 주소를 복사할 수 있다. /blend 명령은 모바일 사용자를 위해 최적화된 간소화된 이미지 프롬프트 프로세스다.


### 디스코드에 이미지 업로드

프롬프트의 일부로 개인 이미지를 사용하려면 디스코드에 이미지를 업로드한다. 이미지를 업로드하려면 메시지를 입력하는 곳 옆의 더하기(+) 기호를 클릭한다. 파일 업로드를 선택한 다음 이미지를 선택하고 메시지를 보낸다. 이 이미지를 프롬프트에 추가하려면 평소처럼 /imagine을 입력한다. 프롬프트 상자가 나타나면 이미지 파일을 프롬프트 상자로 끌어다가 이미지의 URL을 추가한다. 또는 이미지를 마우스 오른쪽 버튼으로 클릭한 다음 링크 복사를 선택한 다음 프롬프트 상자에 링크를 붙여넣는다.

### 개인 정보 보호 노트

다른 서버 사용자가 이미지를 볼 수 없도록 미드저니 봇의 다이렉트 메시지에서 이미지를 업로드한다.

### 리믹스(Remix)

리믹스 모드를 사용해 변형 사이에 프롬프트, 매개변수, 모델 버전 또는 종횡비를 변경할 수 있다. 리믹스는 시작 이미지의 일반적인 구성을 가져와 새로운 작업의 일부로 사용한다. 리믹스는 이미지의 설정이나 조명을 변경하거나 주제를 진화시키거나 복잡한 구도를 구현하는 데 도움이 될 수 있다. 언제든지 변경되거나 제거될 수 있는 실험적인 기능이다.

### 리믹스 사용 방법

/prefer remix 명령어를 사용하거나 /settings 명령어를 사용해 리믹스 모드 버튼을 실행해서 리믹스 모드를 활성화한다.

리믹스는 이미지 그리드 아래의 변형 버튼 (V1, V2, V3, V4)의 동작을 변경한다. 리믹스가 활성화된 경우, 각 변형마다 프롬프트를 편집할 수 있도록 한다. 업스케일을 리믹스하려면 버튼 Make Variations를 선택한다.

리믹스가 활성화된 경우, 변형 버튼은 파란색 대신 녹색으로 표시된다.

리믹스 사용 중에는 모델 버전을 변경할 수 있다.

리믹스를 완료한 후에는 /settings 또는 /prefer remix 명령어를 사용해 리믹스 모드를 해제한다.

팝업 창에서 프롬프트를 수정하지 않으면 리믹스가 활성화된 상태에서 표준 이미지 변형을 생성한다.

(출처 : www.midjourney.com)

리믹스 모드를 켠다.

리믹스할 이미지 그리드 또는 업스케일된 이미지를 선택한다.

'Make Variations'을 선택한다.

팝업 창에서 프롬프트를 수정하거나 새로운 프롬프트를 입력한다.

미드저니 붓은 원본 이미지의 영향을 받아 새로운 프롬프트를
사용해 이미지를 생성한다.

Starting Image

line—art stack of pumpkins

Model Change

line—art stack of pumpkins —test

Subject Change

balloon—animal shaped stack of pumpkins

Medium Change

vibrant illustrated stack of fruit

(출처 : www.midjourney.com)

## 리믹스에서 매개변수 사용하기

리믹스 모드를 사용하는 동안 매개변수를 추가하거나 제거할 수 있지만, 유효한 매개변수 조합을 사용해야 한다.

/imagine prompt illustrated stack of pumpkins --version 3 --stylize 10000 에서 illustrated stack of pumpkins --version 4 --stylize 10000으로 변경하면 미드저니 Model Version 4은 Stylize 매개변수와 호환되지 않으므로 오류가 발생한다.

리믹스 사용 중에는 일반적으로 변형에 영향을 주는 매개변수만 작동한다.

--video는 이미지 그리드에서만 작동하며 업스케일에서는 작동하지 않는다.

--video는 Model Versions 1, 2, 3, test, testp와 호환된다.

| Affects Initial Generation | Affects Variations and Remix | Affects Variations and Remix |
|---|---|---|
| Aspect Ratio* | √ | √ |
| Chaos | √ | |
| Image Weight | √ | |
| No | √ | √ |
| Quality | √ | |
| Seed | √ | |
| Same Seed | √ | |
| Stop | √ | √ |
| Stylize | √ | |
| Tile | √ | √ |
| Video | √ | √ |

(출처 : www.midjourney.com)

리믹스를 사용해 종횡비를 변경하면 이미지가 늘어난다. 그러나 캔버스를 확장하거나 누락된 세부 정보를 추가하거나 잘못된 자르기를 수정하지는 않는다.

### 리믹스 활성화 방법

설정명령 사용 : 프롬프트 입력창에 '/settings'를 입력한 후 '엔터'를 한다.


버튼 Remix

"/prefer remix" 명령을 사용하면 리믹스 모드를 켜거나 끌 수 있다. 리믹스 모드가 꺼져 있는 경우 명령을 실행하면 켜지고, 이미 켜져 있는 경우 명령을 실행하면 꺼진다.

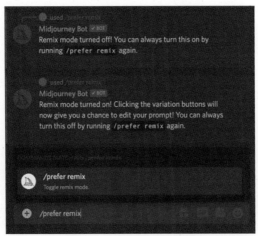

(출처 : www.midjourney.com)

### 멀티 프롬프트

미드저니 봇에서는 이중 콜론(::)을 구분자로 사용해 두 개 이상의 개별 개념을 독립적으로 고려할 수 있다. 프롬프트를 분리함으로써 프롬프트의 각 부분에 상대적인 중요성을 할당할 수 있다.

### 멀티 프롬프트 기본 사항

프롬프트에 이중 콜론(::)을 추가하면 미드저니 봇에게 각 부분을 개별적으로 고려하라는 것을 나타낸다. 다음의 예시에서는 hot dog 프롬프트가 모든 단어를 함께 고려하므로 미드저니 봇은 맛있는 핫도그 사진을 생성한다. 그러나 프롬프트를 두 부분으로 분리하면 hot:: dog 두 개념이 각각 개별적으로 고려되어 따뜻한 개 사진이 생성된다.

이중 콜론(::) 사이에 공백이 없어야 한다.

멀티 프롬프트는 Model Versions 1, 2, 3, 4, '5, niji, 그리고 niji 5에서 모두 작동한다.

어떠한 매개변수도 프롬프트의 맨 끝에 추가된다.

hotdog

Hot dog는 단일 개념으로 간주된다

hot::dog

Hot and dog는 Hot과 dog를 개별적인 개념으로 간주한다.


cup cake illustration

캄포스데 아마폴라 스타일 캘리포니아


cup:: cake illustration

컵은 컵에 담긴 케이크의 이미지를 생성하는 케이크 일러스트레
이션과 별개로 간주된다.

cup:: cake:: illustration

컵, 케이크, 일러스트레이션은 별도로 고려되어 꽃과 나비와 같은 일반적인 일러스트레이션 요소로 컵에 담긴 케이크를 제작한다.


## Prompt Weights

프롬프트를 이중 콜론(::)으로 분리해 여러 부분으로 나눌 때, 이중 콜론 바로 뒤에 숫자를 추가해 해당 부분의 상대적 중요도를 할당할 수 있다.

아래의 예시에서 hot:: dog 프롬프트는 개 사진을 생성한다. 그러나 프롬프트를 hot::2 dog로 변경하면 단어 hot이 dog보다 두 배 중요하게 간주되므로, 매우 뜨거운 개 사진이 생성된다.

프롬프트를 이중 콜론(::)으로 분리하면 Hot과 dog가 개별적인 생각으로 간주된다.

hot::2 dog

Hot은 Dog보다 두 배 중요하다.

hot:: dog는 hot::1 dog, hot:: dog::1, hot::2 dog::2, hot::100 dog::100 등과 동일하다.

cup::2 cake는 cup::4 cake::2, cup::100 cake::50 등과 동일하다.

cup:: cake:: illustration은 cup::1 cake::1 illustration::1, cup::1 cake:: illustration::, cup::2 cake::2 illustration::2 등과 동일하다.

### 부정적인 프롬프트 가중치

원하지 않는 요소를 제거하기 위해 프롬프트에 부정적인 가중치를 추가할 수 있다.

모든 가중치의 합은 양수여야 한다.

vibrant tulip fields

색상이 있는 튤립들의 다양한 종류가 생성된다.


vibrant tulip fields∷ red∷ −.5

튤립밭은 빨간색을 포함할 가능성이 적다.

### 순열 프롬프트

순열 프롬프트를 사용하면 하나의 /imagine 명령으로 프롬프트의 여러 변형을 빠르게 생성할 수 있다. 프롬프트 내에서 중괄호 { }로 구분된 쉼표로 구분된 옵션 목록을 포함해 해당 옵션의 다양한 조합으로 프롬프트의 여러 버전을 만들 수 있다.

순열 프롬프트를 사용해 텍스트, 이미지 프롬프트, 매개변수 또는 프롬프트 가중치를 포함한 미드저니 프롬프트의 어떤 부분에도 조합과 순열을 생성할 수 있다.

### 순열 프롬프트 기본 사항

중괄호 { } 내에서 옵션 목록을 분리해 여러 프롬프트 변형을 빠르게 생성하고 처리한다.

순열 프롬프트를 사용해 텍스트, 이미지 프롬프트, 매개변수 또는 프롬프트 가중치를 포함한 미드저니 프롬프트의 어떤 부분에도 조합과 순열을 생성할 수 있다.

프롬프트 예시 :

/imagine prompt a {red, green, yellow} bird는 세 개의 작업을 생성하고 처리한다.

/imagine prompt a red bird

/imagine prompt a green bird

/imagine prompt a yellow bird

## 순열 프롬프트 예시

프롬프트 텍스트의 변형 : /imagine prompt a naturalist illustration of a {pineapple, blueberry, rambutan, banana} bird는 네 개의 작업을 생성하고 처리한다.

매개변수에 대한 프롬프트 변형 : /imagine prompt a naturalist illustration of a fruit salad bird --ar {3:2, 1:1, 2:3, 1:2}는 다른 종횡비를 가진 네 개의 작업을 생성하고 처리한다.

/imagine prompt a naturalist illustration of a fruit salad bird --{v 5, niji, test}는 다른 미드저니 모델 버전을 사용해 세 개의 작업을 생성하고 처리한다.

**매개변수에 대한 프롬프트 변형**

/imagine prompt a naturalist illustration of a fruit salad bird --ar {3:2, 1:1, 2:3, 1:2}는 다른 종횡비를 가진 네 개의 작업을 생성하고 처리한다.

/imagine prompt a naturalist illustration of a fruit salad bird --{v 5, niji, test}는 다른 미드저니 모델 버전을 사용해 세 개의 작업을 생성하고 처리한다.

여러 개의 괄호로 묶인 옵션을 하나의 프롬프트에서 사용하는 것이 가능하다.

/imagine prompt a {red, green} bird in the {jungle, desert}는 네 개의 작업을 생성하고 처리한다.

/imagine prompt a red bird in the jungle
/imagine prompt a red bird in the desert
/imagine prompt a green bird in the jungle
/imagine prompt a green bird in the desert

또한 하나의 프롬프트 내에서 다른 괄호 집합 내에 괄호 집합을 중첩해 사용하는 것도 가능하다.

예시 : /imagine prompt A {sculpture, painting} of a {seagull {on a pier, on a beach}, poodle {on a sofa, in a truck}}.

/imagine prompt A sculpture of a seagull on a pier.
/imagine prompt A sculpture of a seagull on a beach.

/imagine prompt A sculpture of a poodle on a sofa.

/imagine prompt A sculpture of a poodle in a truck.

/imagine prompt A painting of a seagull on a pier.

/imagine prompt A painting of a seagull on a beach.

/imagine prompt A painting of a poodle on a sofa.

/imagine prompt A painting of a poodle in a truck.


## 이스케이프 문자

쉼표(,)가 구분자로 작용하지 않고 중괄호 내에 포함되어야 할 경우, 직접적으로 그 앞에 역슬래시()를 넣어야 한다.


imagine prompt {red, pastel, yellow} bird는 세 개의 작업을 생성한다.

/imagine prompt a red bird

/imagine prompt a pastel bird

/imagine prompt a yellow bird


imagine prompt {red, pastel , yellow} bird는 두 개의 작업을 생성한다.

/imagine prompt a red bird

/imagine prompt a pastel, yellow bird

최대 40개의 작업을 단일 순열 프롬프트로 생성할 수 있다.

### 서버에 봇을 초대하는 방법

미드저니 봇을 디스코드 서버에 초대해 친구들과 함께 만들거나 개인 디스코드 서버를 만들어 작업을 조직할 수 있다.

미드저니 봇이 서버에 가입한 후에는 /imagine 명령을 사용해 상호 작용을 시작할 수 있다.

### 참고사항

개인 서버에서 생성된 미드저니 이미지는 여전히 미드저니의 커뮤니티 지침에 따른다.

개인 서버에서 생성된 이미지는 여전히 midjourney.com에서 다른 사용자에게 보이게 된다.

미드저니 봇을 사용하기 위해 사용자는 활성화된 미드저니 체험판이나 구독이 있어야 한다. 처음으로 /imagine을 사용하면 새로운 사용자에게는 자동으로 체험판 멤버십이 시작된다.

### 미드저니 봇 추가 방법

유저 목록에서 미드저니 봇을 선택한 후 Add to Server를 클릭한다.

(출처 : www.midjourney.com)

추가하려는 서버를 선택한 다음 디스코드에서 지시사항을 따른다.

(출처 : www.midjourney.com)

외부 응용 프로그램을 추가한다는 것을 승인하고 확인한다.

서버가 나열되지 않는 경우, 다음 지침을 따라 관리자 역할을 생성한다.

"프롬프트의 차이는 이미지의 품질에 영향을 끼친다. 프롬프트의 입력 순서와 단어 선택은 꽤 중요하다."

# 실용적인 프롬프트 사용 예시

(출처 : 저자 작성)

Tip & Tech : 중세시대나 판타지 속의 인물같은 설정이다. 전신 자화상, 복잡한 의상, 파스텔 색상, 히로시 나가이 스타일, 특히 좌측 이미지는 히로시 나가이 스타일 이란 단어가 핵심이다.

Prompt : retro modern futuristic full-body portrait of a

gorgeous blasian goddess in a sophisticated opalescent crown and complex suit of armor holding a massive filigree sword in the sky with fluffy clouds and lightning, perfect eyes, perfect hands, editorial art, bright colors, high art, editorial illustration, pallette knife, oil painting with high relief, pastel colors, pink and blue tones and nuances, hiroshi nagai style --v 5 --s 100 --q 4

(출처 : 저자 작성)

Tip & Tech : 시네마틱 기법은 표준적인 쓰리 포인트 조명 설정을 넘어 스토리에 드라마같은 깊이와 분위기를 더해준다.

Prompt : black and white photograph cinematic lighting 1950 spanish bullfighter with sword in chest laying on dirt ground surrounded by roses --v 5

(출처 : 저자 작성)

Tip & Tech : 초현실주의, 현실주의 예술은 일반적이거나 두드러진 방식으로 현실을 묘사하는 것을 특징으로 한다. 포토리얼리즘과 비교할 때 초현실주의 작품을 말한다.

카라치는 파키스탄에서 가장 큰 도시이자 세계에서 12번째로 큰 도시로, 인구는 2,000만 명 이상이다.

Prompt : hyper realistic after dark in Detroit, Mi empty streets 4 parked cars with no signs in 2023 Karachi

(출처 : 저자 작성)

Tip & Tech : F/22는 셔터 속도를 늘리고자 하는 상황에서도 유용하다. 조리개를 f/22로 조절함으로써(더 좁은 조리개, 작은 분수), 상대적으로 더 적은 양의 빛이 들어오며 상대적으로 더 긴 셔터 속도가 필요하다. 위의 축제 기차 사진에서 나는 흐림과 빛의 양을 극대화하기 위해 긴 셔터 속도를 원한다는 것을 알았다. 이 사진은 f/22와 5초의 셔터 속도로 촬영되었다(삼각대와 원격 셔터 사용).

Prompt : Nike Zoom Mercurial Superfly 9 Soccer Cleats in the style of Captain America, marvel, realistic still life, orton effect, Depth of Field, 32k, 8K, F/ 22 --ar 3:2

(출처 : 저자 작성)

Tip & Tech : 카메라 조리개에 대한 이해는 사실적인 사진같은 이미지를 얻을 때 필수 요소다. 조리개는 사진의 노출과 초점 깊이를 결정하는 데 중요한 역할을 한다. 사진 기술을 향상시키고 더 좋은 이미지를 찍기 위해서는 조리개를 포함한 카메라 작동의 다양한 측면을 공부하고 배우는 것이 중요하다. 이는 미드저니의 이미지 생성에도 영향을 미친다.

사진 기법에 정통해보라. 조리갯값, 셔터스피트, 빛의 감도 등을 자유자재로 구사할 줄 안다면 이미지의 퀄리티가 꽤 만족스러울 것이다.

Prompt : hyper realistic gritty after dark in Detroit, Mi empty wet streets with no signs in 1980. shot on pentax 67 kodak kodachrome 100 film in the summer, cinematic lighting.

(출처 : 저자 작성)

Tip & Tech : 카메라 조리개는 빛이 카메라 센서에 도달하기 위해 통과하는 카메라 렌즈의 개구부를 의미한다. 이는 f-스탑(예 : f/1.8, f/2.8, f/4 등)으로 측정된다. f-스탑 숫자가 작을수록 조리개 개구부는 더 크며, 그 반대로 숫자가 클수록 작아진다. 조리개가 크면 더 많은 빛이 들어오게 되며, 이는 어두운 환경에서 유용하며, 초점 깊이를 얕게 만든다. 이는 배경을 흐리게 만들어주어 초상 사진 촬영에 이상적이다.

Prompt : hyper realistic after dark in Detroit, Mi empty streets 4 parked cars with no signs in 1980 Maori girl walking.

(출처 : 저자 작성)

Tip & Tech : 미드저니는 프롬프트 입력에 따라 네 개의 결과를 보여준다. 때로는 이상한 형태로 예상치 못한 결과물을 만들어낼 때도 있다. 그 결과가 놀랄 정도로 창의적일 때도 있지만 어떤 때는 불쾌한 결과물을 생성시킬 때도 있다.

좋은 결과물을 만들기 위해 반복적인 작업을 해야 하는 경우도 있다.

Prompt : outdoor experiential row of dinner tables set in a semicircle around a giant Fjallraven, Kanken backpack, inspired by the giant objects used in Glossier stores and by Ulises.ai artwork in a very modern way, possibly inflatable, 3d printing, and retro-future style; plates, lights, and glassware, are all muted yellow, peaches, and whites --v 5

(출처 : 저자 작성)

Tip & Tech : 5000년 전에 조개 목걸이를 한 여자의 일러스트를 생성하라는 프롬프트다. 아래의 프롬프트를 변형해 포토리얼리스틱이라든지, 또는 1000년 전의 여자라든지 다양하게 프롬프트를 변형시켜 보라.

Prompt : illustration of a person from 5000 years ago wearing a shell necklace in the style of light gray and orange, graph paper, quirky characters and objects, #screenshot saturday, 21st century, light orange and black, eye-catching --ar 81:80 --s 250 --v 5

(출처 : 저자 작성)

Tip & Tech : 스티븐 맥키는 영국에 거주하는 자학적 예술가다. 프랑스, 네덜란드 및 이탈리아 르네상스의 위대한 화가들로부터 영감을 받아 스티븐의 작품은 우리를 그의 상상의 세계의 마법으로 이끌어주는 환상적인 설정으로 알려져 있다.

Prompt : asian pretty girl, Background stephen mackey style, vivacious bright pastel spring colors, crease of fabric, rainbow light, pastel blue background, --ar 2:3 --s 250 --v 5

(출처 : 저자 작성)

Tip & Tech : 미니멀한 꽃 일러스트레이션 손으로 그린 시각적인 쾌락, 안락함, 그리고 고급스러움을 느끼게 해주는 이 일러스트레이션은 출판물뿐만 아니라 다양한 실내 공간에 큰 변화를 줄 수 있는 다재다능한 디자인이다. 매력적인 미학을 가지고 있어 환영받

는 분위기를 조성하고 어떤 공간의 분위기를 높일 수 있는 잠재력
을 가지고 있어서 인쇄물 및 실내 디자인에 모두 적합하다.

Prompt : minimalistic flower illustration, simple hand
drawn, floral, elegant, very light color --v 5

(출처 : 저자 작성)

Tip & Tech : 엠마누엘 로이체(Emanuel Leutze)는 감정, 상상력 및
개인주의를 강조하는 낭만주의 스타일로 유명한 독일계 미국인 화
가였다. 1816년 독일에서 태어난 로이체는 나중에 미국으로 이주해
예술가로서 상당한 성공을 거두었다.

Prompt : dark-haired emperor waving a handkerchief from atop his muscular steed, after arriving at shallow river crossing, with his cavalry officers cheering in backdrop, splashing creek, historic, epic, in Emanuel Leutze romanticism style --s 230 --ar 5:4 --v 5

(출처 : 저자 작성)

Tip & Tech : 픽사(Pixar) 스타일은 Pixar Animation Studios가 사용하는 독특한 시각적 및 이야기 접근 방식을 가리킨다. 픽사는 혁신적이고 매우 성공한 애니메이션 영화를 만들어낸 것으로 유명한 미국의 컴퓨터 애니메이션 스튜디오다. 그들의 독특한 스타일은 여러 가지 요소의 조합으로 특징 지을 수 있다.

Prompt : elegant scarf with beautiful airedale in the corner, with border pattern with roses, flowers, dog's leashes, intertwined with each other. spar cute. Pixar style, by tom whalen, isolated on white background, sprite sheet on white paper. Super detailed --v 4 --q 2

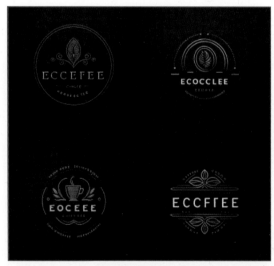

(출처 : 저자 작성)

Tip & Tech : 로고를 만들 때 자주 사용되는 용어는 'logo'다. 현업에서 로고를 만들 때 주로 투명 PNG 파일을 제작한다. 미드저니에서 투명한 파일을 만들기 위해 다양한 시도를 해봤지만 생성할 수 없었다. 이 부분은 향후 버전이 업그레이드된다면 투명한 이미지는 활용도가 클 것이다. 따라서 로고를 만들더라도 그래픽 프로그램을 통한 후보정으로 수정을 봐야 한다. 또 텍스트 역시 아직은 정확하게 구현되지 않는다.

Prompt : minimal logo for a company that sells coffee online, brand identity, lines, black background, 1:1, alternative, formal, company name is "ECOFFEE"

(출처 : 저자 작성)

Tip & Tech : 미드저니는 패션 디자이너에게도 큰 인사이트와 영감을 줄 수 있다. 모델을 설정하고 의상의 분위기, 색상, 유명 패션디자이너 이름을 입력하는 것만으로도 놀라운 결과물을 생성해 낸다. 미드저니를 사용할 때 저작권 위반 문제에 대해서는 고려를 해봐야 할 것 같다. 특히 특정 아티스트의 이름으로 입력값을 넣었을 때 진짜 해당 아티스트가 작업한 것인지 구분이 가지 않을 정도로 디테일한 이미지를 생성시키기 때문이다.

Prompt : pollinator inspired fashion editorial hypernature 90's ready to wear

(출처 : 저자 작성)

Tip & Tech : 쿨 라이트는 웜 라이트보다 밝으며 작업 조명에 더 적합하지만 잘못된 환경에서는 거칠게 느껴질 수 있다. 쿨 화이트 라이트는 약 3,000에서 4,500켈빈 정도가 적당하다.

Prompt : draw a portrait of a skeleton. He is cheerful and wearing a cool hat and coat, and he's obviously a musician. He's juggling a collection of objects. Photorealistic. Cool lighting.

(출처 : 저자 작성)

Tip & Tech : 미드저니 생성에 표현력 또는 문장력이 중요할까? 답은 '중요하다'다. 미드저니는 창의적인 프롬프트에도 이미지를 잘 생성시킨다. 또 구체적이고 명확하게 프롬프트를 구성하고, 이미지 중에서 핵심인 것을 프롬프트 앞쪽으로 구성하는 것이 바람직

하다. 아는 만큼 세상이 보이는 것처럼, 사용자의 지식에 비례해서
이미지를 생성할 수 있다.

Prompt : photo of a tall rich arrogant young handsome
very fat well-dressed investment banker, with a very large
belly, wearing a well-tailored expensive bespoke three-piece
suit with wide peak lapels, and a white shirt with a cutaway
collar and visible French double cuffs with cufflinks, standing
much taller than his coworkers

(출처 : 저자 작성)

Tip & Tech : Joan Miró는 스페인 카탈로니아 출신의 화가로서
추상 미술과 초현실 판타지를 결합한 작품으로 유명하다. 그의 작품

은 환상적이고 시적이며 현실의 가혹함을 묘사했다. 그는 주로 석판화에서 활발하게 작업했고 다수의 벽화, 태피스트리와 공공 공간용 조각작품을 제작했다. 프롬프트에서 보는 것처럼, '조안미로 스타일', '개 패턴', 타일 파라미터만으로 이미지가 생성되는 것을 확인할수 있다. 다음 프롬프트를 입력해서 결괏값을 확인해보자.

Prompt : joan miro style dog pattern, tile --uplight --q 2 --v 5

(출처 : 저자 작성)

Tip & Tech : 미드저니의 버전이 업데이트될수록 훨씬 정교하게 이미지를 생성할 수 있을 것이다. 특히 손가락 표현의 개선이 많이

좋아졌다(지금도 손가락 갯수가 다르다거나 어색하지만 버전4, 5보다는 훨씬 개선

되었다).

Prompt : indian man with a violin in mumbai, full body
frame, daylight, Sony a7R IV camera, Meike 85mm F1.8 lens,
hyper realistic, 8k --v 5 --s 250

(출처 : 저자 작성)

Tip & Tech : 이미지 생성 시에 카메라 기술을 사용하면 사실적인 결과물을 만드는 데 매우 효과적일 수 있다. 따라서 렌즈의 조리개 값에 대해서도 학습하자. 이러한 학습을 통해 카메라 촬영 기법을 적용한다면 사실적인 사진 이미지를 손쉽게 구현할 수 있다.

Prompt : a lake in the middle of mountains, 35mm, f22, cinematic, wide-angle lens --ar 16:9 --q 2 --v 5

(출처 : 저자 작성)

Tip & Tech : 유명한 일본 만화가의 이름을 프롬프트 안에 대입해보면 해당 작가의 작품이 그대로 구현되는 것을 확인할 수 있다. 테즈카 오사무, 미야자키 하야오, 토리야마 아키라, 다카하시 루미코, 오다 에이이치로, 키시모토 마사시, 쿠보 티테, 아라카와 히로무, 이사야마 하지메, 타케우치 나오코와 같은 작가의 이름을 다음 프롬프트에 대입해보자.

Prompt : Hayao Miyazaki style, On a clear day at the beach, with soft light and a cinematic landscape, an 18-year-old Korean girl gazes into the distant ocean, --ar 16:9 --v 5

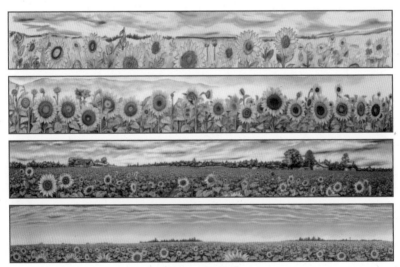

(출처 : 저자 작성)

Tip & Tech : 크레용 대신 오일 페인팅이나 수채화와 같은 다양한 도구를 실험해보시기 바란다. 또한 갈대, 튤립과 같은 다양한 꽃들, 장소를 추가시켜 예술적 이미지를 생성시킬 수 있다. 마인드셋을 넓혀야 한다. 창의적인 표현을 위해 미드저니에서 공유된 프롬프트를 분석하고 대입해보라.

Prompt : Crayon drawing by 20 years old child, sunflower field, blue sky, white cloud, --ar 7:1 -v 5

(출처 : 저자 작성)

Tip & Tech : 여행하고 싶은 곳을 이미지로 생성하고 싶다면 미드저니가 그것을 현실로 만들어줄 것이다. 카메라를 들고 관광지를 돌아다니는 상상을 해보자. 그리고 여행지의 풍경을 카메라 프레임 안에 담아보자. 카메라의 와이드앵글로 관광지, 명소 등을 담아보

자. 즐거운 경험이 될 것이다.

Prompt : Utilize the camera's wide-angle lens to showcase the majestic scale and intricate details of Buddhist temples, stupas, or pagodas, highlighting their spiritual significance. [photographic, cinematic] --v 5

(출처 : 저자 작성)

Tip & Tech : 프롬프트를 통해 레오나르도 다 빈치를 재현해봤다. 위의 프롬프트를 복사해 붙여넣고 이미지를 생성시켜보면 그 세세한 디테일에 놀랄 것이다. 프롬프트의 내용을 주목하기 바란다. 프롬프트에 여러 용어들이 혼재되어 있다. 프롬프트를 따라 타이핑해서 이미지를 생성시켜본 후, 키워드를 다른 것들로 대체해 이미지를 생성해보길 권한다.

그런 일련의 과정을 통해 어느새 미드저니 이미지 생성 전문가가 되어가는 자신을 발견하게 될 것이다.

Prompt : Leonardo da Vinci, portrait Photography, hyper realistic, photorealistic, reflections, dynamic pose, Realistic Face, Cinematic, Color Grading, portrait Photography, Shot on 50mm lens, Ultra-Wide Angle, Depth of Field, hyper-detailed, beautifully color-coded, insane details, intricate details, beautifully color graded, Unreal Engine, Cinematic, Color Grading, Editorial Photography, Photography, Photoshoot, Shot on 70mm lens, Depth of Field, DOF, Tilt Blur, Shutter Speed 1/1000, F/22, White Balance, 32k, Super-Resolution, Megapixel, ProPhoto RGB, VR, Lonely, Good, Massive, Halfrear Lighting, Backlight, Natural Lighting, Incandescent, Optical Fiber, Moody Lighting, Cinematic Lighting, Studio Lighting, Soft Lighting, Volumetric, Contre-Jour, Beautiful Lighting, Accent Lighting, Global Illumination, Screen Space Global Illumination, Ray Tracing Global Illumination, Optics, Scattering, Glowing, Shadows, Rough, Shimmering, Ray Tracing Reflections, Lumen Reflections, Screen Space Reflections, Diffraction Grading, Chromatic Aberration, GB Displacement, Scan

Lines, Ray Traced, Ray Tracing Ambient Occlusion, Anti-Aliasing, FKAA, TXAA, RTX, SSAO, Shaders, OpenGL-Shaders, GLSL-Shaders, Post Processing, Post-Production, Cel Shading, Tone Mapping, CGI, VFX, SFX, insanely detailed and intricate, hypermaximalist, elegant, hyper realistic, super detailed, dynamic pose, photography, 8k --q 2 -v 5

(출처 : 저자 작성)

Tip & Tech : 이 이미지는 꽤 흥미롭다. 미드저니로 이런 것까지 가능하다. 셔터 속도가 반영된 결과물이다. 폭포수도 테스트하기에 좋은 소재다.

Prompt : Employ a slow shutter speed to capture the fluid movement of Buddhist practitioners engaged in walking meditation, creating a sense of calm and presence in the image. [photographic, cinematic] --v 5

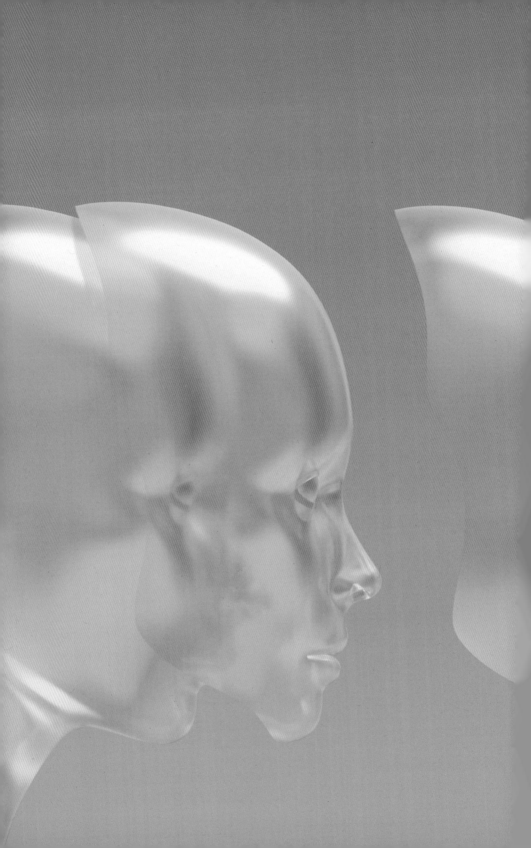

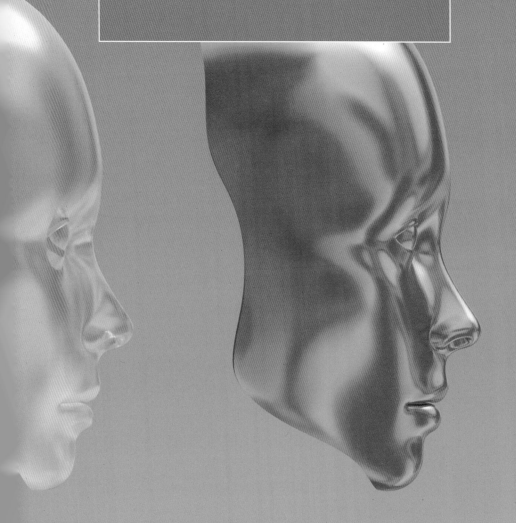

5장 _

미드저니를 활용한
비즈니스

# 미드저니로 수익 내는 비즈니스 사업 계획

미드저니 생성 이미지 1
(출처 : 저자 작성)

미드저니를 활용한 창의력은 단순히 이미지를 생성하는 능력을 넘어서 비즈니스 영역에서의 확장성을 도모하는 핵심 요소가 될 수 있다. 이미 미드저니 전문가로서 활동 중이라면, 본 내용은 해당 기술을 경제적 이득으로 전환하기 위한 심도 있는 접근법을 제시할 것이다.

미드저니 비즈니스 1

1. 다양한 SNS와 온라인 커뮤니티를 이용하여 창작물을 전략적으로 홍보하면서 자신의 브랜드 인지도를 상승시키자. 이 과정을 통해 대중들이 당신의 작품을 더욱 잘 알게 되고, 그로 인해 구매 의사가 증가할 수 있을 것이다.

2. 미드저니를 활용해 기업이나 개인의 요청에 맞춰 독특한 비전을 담아 디자인을 제작해보자. 고객의 요구와 기대를 충족시키는 차별화된 작품을 선보이며 시장에서의 경쟁력을 강화하자.

3. 미드저니 관련 전문 교육 프로그램이나 워크숍을 기획하고 운영하면서 교육 분야에서도 수익을 창출하자. 당신의 전문성과 경험을 기반으로 교육 콘텐츠를 구성해 다양한 학습자들에게 제공하면서 가치를 창출해보자.

이러한 다양한 전략들을 조합해서 수익의 안정성을 확보하고 비즈니스 위험을 최소화해야 한다. 한 방면에서의 성공이 다른 분야의 성과에도 긍정적인 반사효과를 가져와 전체적인 비즈니스 성장에 기여할 수 있다.

## 미드저니 비즈니스 2

1. 게임 디자인 분야에서 미드저니 기술을 적극적으로 활용하여 게임 배경 및 캐릭터 구성에 혁신을 불어넣자.

2. 패션 산업에서 미드저니 기반의 아트워크를 현대적 의류와 액세서리 디자인에 접목시키자.

3. 출판물의 표지 아트워크 및 내부 일러스트 제공을 통해 독자들에게 새로운 시각적 경험을 선사할 것이다.

4. 방송 및 영화 산업에 독특한 특수효과 및 애니메이션 기법을 제안해 콘텐츠의 품질을 높인다.

5. 음악 산업에서의 앨범 아트워크와 뮤직 비디오의 시각적 요소 제작으로 아티스트의 이미지 구축에 기여한다.

6. 가구 및 인테리어 디자인 분야에서 미드저니 기반의 현대적 디자인 아이디어를 제시한다.

7. 제품 패키지 디자인을 통해 상품의 가치와 판매력을 극대화한다.

8. 미드저니 아트웍을 활용하여 퍼즐 및 보드게임의 차별화된 디자인을 제안한다.

9. 신선하고 독창적인 로고 디자인을 통해 브랜드나 제품의 정체성을 강조한다.

10. 건축 및 인테리어 시각화를 제공하여 건축물의 전체적인 디자인 콘셉트를 향상한다.

11. 미드저니 기술을 통해 웹사이트 및 애플리케이션의 UI/UX 디자인을 혁신적으로 제공한다.

이와 같은 다양한 접근법은 미드저니의 능력을 단순 이미지 판매 이상으로 확장시키며, 산업별 특성과 당신의 전문성에 따라 맞춤화된 활용 방안을 제시해보겠다.

## 미드저니 비즈니스 3

1. 레스토랑 및 카페의 메뉴 디자인을 재창조하며, 계절의 변화나 특별 이벤트의 콘셉트를 돋보이게 표현한다.

2. 지방 자치 단체나 명소에 대한 관광 브로슈어와 포스터를 제작하면서, 해당 지역의 유니크한 매력과 경치를 예술적으로 담는다.

3. 부동산 산업에 서비스를 제공해, 가상 투어의 화려한 시각화를 통해 부동산의 매력을 극대화한다.

4. 미술관 및 갤러리를 위해, 디지털 아트의 세계를 미드저니의 기술로 탐험하는 전시회를 기획한다.

5. SNS 활동을 활발히 하는 블로거와 인플루언서를 위한 독창적인 아트워크를 제작해, 그들의 브랜드 이미지를 강화한다.

6. 테마파크 및 이벤트 공간의 시각적 요소를 재해석하고 디자

인해, 방문객들에게 새로운 경험을 제공한다.

7. 교육 기관과 도서관에 서비스를 제공해, 교재 및 홍보 포스터의 퀄리티를 향상시킨다.

8. 어린이들의 상상력을 자극하는 그림책을 미드저니의 능력을 활용해 제작한다.

9. 스포츠팀 및 조직을 위한 시각적으로 뛰어난 마스코트와 로고를 제안한다.

10. 음악 축제 및 콘서트의 티켓과 포스터 디자인을 통해 행사의 중심 메시지와 무드를 전달한다.

11. 환경 및 비영리 단체를 위한 시각적 캠페인을 제작해, 그들의 목표와 메시지를 더욱 강조한다.

12. 방송 및 영화 프로모션 자료와 DVD 및 블루레이 패키지 디자인을 통해 콘텐츠의 가치를 높인다.


이러한 전략적 접근은 특정 산업과 고객층의 특성에 따라 맞춤화된 서비스를 제공하며, 미드저니의 능력을 극대화해 비즈니스의 확장성을 제시한다.


## 미드저니 비즈니스 4

1. 결혼식이나 파티의 특색을 살린 개성 넘치는 초대장 및 프로

그램 디자인을 통해, 행사의 분위기를 사전에 조성한다.

2. 자선 및 기금 모금 행사의 목적을 직관적으로 이해시킬 수 있는 감동적인 홍보 자료로, 기부의 동기부여를 증진시킨다.

3. 스타트업 기업의 비전을 명확하게 전달하는 계획서 및 프레젠테이션 자료 디자인으로, 투자자나 파트너를 설득하는 데 도움을 준다.

4. 건강 및 피트니스 분야의 정보 및 프로모션 자료를 통해, 건강한 생활 습관의 중요성을 강조하고 동기부여를 제공한다.

5. 자동차 제조사나 항공사의 신제품이나 서비스를 시각적으로 강렬하게 전달해, 소비자의 관심을 끌어들인다.

6. 주얼리나 고급 브랜드의 제품 카탈로그 및 웹사이트 디자인으로, 제품의 품질과 브랜드 가치를 부각시킨다.

7. 교육 앱의 UI/UX 디자인을 통해, 사용자의 학습 경험을 더욱 풍부하고 효과적으로 만든다.

8. 스파 및 호텔의 서비스를 대표하는 디자인으로, 고객에게 최상의 휴식과 럭셔리한 경험을 약속한다.

9. 음악 교실이나 아트 스쿨의 교육 프로그램을 돋보이게 하는 광고 브로슈어로, 학습의 가치를 강조한다.

10. 반려동물 관련 비즈니스의 광고나 웹사이트 디자인으로, 애완동물과의 생활의 행복함과 가치를 전달한다.

각각의 아이디어는 특정 산업의 특색을 살려 그 분야에 맞는 디자인 솔루션을 제안하는 것이다. 해당 산업의 동향을 파악하고, 그에 맞는 디자인 전략을 세우는 것이 중요하며, 여러분의 미드저니 기술을 효과적으로 활용해 그 시장에 새로운 변화를 가져올 수 있다.


## 미드저니 비즈니스 5

1. 미드저니에 대한 상세한 튜토리얼을 개발해 학술적 논문이나 전문가용 전자책 형태로 판매한다.

2. 전문 연구 블로그나 학술 채널을 운영하면서 미드저니의 고급 사용법, 전략적 접근법 및 연구 결과를 발표하며, 광고 및 전문 스폰서십을 획득한다.

3. 미드저니의 기술력을 활용해 고급 맞춤형 아트워크를 제작하고 학술 온라인 마켓플레이스에서 판매한다.

4. 미드저니를 이용해 제작한 고해상도 이미지를 프리미엄 스톡 포토 웹사이트에 제출한다.

5. 미드저니에 대한 전문가 웹 세미나나 학술 워크숍을 주최하며 참가자로부터 등록 비용을 부과한다.

6. 현재 활용 중인 미드저니 또는 관련 기술 하드웨어 및 소프트웨어의 전문 제휴 링크를 학술 웹사이트나 연구 블로그에 게재한다.

7. 학술 크라우드펀딩 플랫폼에서 연구 프로젝트를 시작하고, 미드저니로 제작한 아트워크나 연구 결과를 후원자에게 제공한다.

8. 미드저니로 제작한 고급 디자인을 티셔츠, 학술회의용 머그잔, 포스터 등에 인쇄한 후 판매한다.

9. 미드저니로 제작한 아트워크의 사용 권한을 대기업이나 글로벌 광고대행사에 판매한다.

10. 미드저니에 대한 고급 온라인 강좌를 개설하고, 전 세계적인 교육 플랫폼인 유데미에서 판매한다.


이 전략들은 미드저니 기술의 학술적 및 상업적 활용을 위한 체계적인 방법론을 제시한다. 타깃 시장을 선정한 후 귀하의 전문성과 기술을 극대화해서 활용해보자.


## 미드저니 비즈니스 6

1. 소셜미디어 마케팅 전략을 구축해 미드저니 기반의 세련된 비주얼 콘텐츠 제작 서비스를 광고대행사와 전략적 파트너십을 맺은 기업체에 제안한다.

2. 미드저니를 중심으로 고급 인테리어 디자인 콘셉트와 독창적인 가구 배치 전략을 부동산 개발사 및 프리미엄 인테리어 디자인 회사에 제안한다.

3. 웨딩 플래너 및 대형 이벤트 조직자에게 미드저니를 활용한 아티스틱 웨딩 초대장 및 이벤트 브랜딩 전략을 제공한다.

4. 게임 및 모바일 애플리케이션 개발 기업에 미드저니 기반의 상세한 콘셉트 아트와 독특한 게임 캐릭터 디자인 포트폴리오를 제안한다.

5. 미드저니를 이용한 독창적인 로고 및 브랜드 아이덴티티 디자인 솔루션을 창업 중인 스타트업 및 재평가 중인 기업에 제공한다.

6. 미드저니를 활용해 아트워크 기반의 예술적 그리팅 카드 및 아티스틱 달력 디자인을 온라인 미술 상점에서 판매한다.

7. 미드저니 전문기술을 바탕으로 한 프리미엄 개인 맞춤형 교육 프로그램을 제공한다.

8. 사용자 맞춤형 고급 배경화면 및 디지털 아트 스크린세이버 제작 서비스를 제공하며, 프리미엄 다운로드 옵션을 구축한다.

9. 기업의 전략적 프레젠테이션 및 보고서에 대한 시각적 향상 서비스를 제공해 기업의 비즈니스 커뮤니케이션 전략을 강화한다.

10. 유명한 밴드와 뮤지션들에게 미드저니를 활용한 앨범 아트 및 프로모션 전략을 제공한다.


이러한 고급 전략을 통해 귀하의 미드저니 전문성을 극대화하고 시장에서 차별화된 가치를 제공할 수 있다. 각 전략의 효과성을 검증하며 시장의 동향과 자신의 전문성을 꾸준히 개선하는 것이 중요하다.

미드저니 비즈니스 7

1. 다양한 소셜미디어 플랫폼에서 미드저니 기반의 고급 프로필 및 커버 이미지 커스터마이징 서비스를 제공해서 사용자의 디지털 아이덴티티를 강조한다.

2. 독립적인 작가를 대상으로 미드저니 기반의 아트리스틱 북커버 디자인 솔루션을 제안한다.

3. 미식의 세계에 미드저니의 독창적인 아트워크를 결합해 레스토랑의 메뉴판, 프로모션 브로셔 및 간판 디자인을 제공한다.

4. 기업의 연례 보고서 및 마케팅 자료에 대한 미적 향상을 위해 미드저니 기반의 시각적 디자인 전략을 구축한다.

5. 미드저니를 이용해 미디어 콘텐츠의 시각적 아이덴티티를 강화하는 팟캐스트 아트워크 및 유튜브 채널 섬네일을 제작한다.

6. 지역 사회의 활동과 이벤트를 위해 미드저니 기반의 전문 포스터 및 플라이어 디자인 서비스를 제공한다.

7. 여행 관련 기관을 위해 미드저니를 활용한 풍부한 시각적 디자인을 갖춘 맞춤형 지도 및 여행자 가이드를 제작한다.

8. 미드저니의 예술적 능력을 활용해 독창적인 그림책을 작성하며, 전통적인 출판 또는 디지털 플랫폼에서 발행한다.

9. 미술계의 주요 행사에서 미드저니를 활용한 혁신적인 아트워크를 전시하고 감상의 기회를 제공한다.

10. 음악 행사나 대규모 페스티벌에서 미드저니 기반의 맞춤형

의류 및 홍보물 디자인을 제공하며, 참석자들의 관심을 끌 수 있다.

이러한 첨단 전략들은 미드저니의 기술과 창의력을 최적화하는 방법을 제시하며, 시장의 변화와 소비자의 요구에 맞게 지속적으로 전략을 조정하는 것이 필요하다.


## 마지막으로

미드저니의 기술을 중심으로 다양한 상업적 기회를 탐색할 수 있다. 여기 제시된 전략들은 무한한 가능성의 극히 일부일 뿐이다. 이를 발판으로 여러분만의 독창적인 비즈니스 모델을 구축해보시길 바란다. 당신의 미드저니 기반의 사업 성장 여정이 이제 시작되는 것이다.

# AI로 신상품 아이디어 제안하고 생성하는 시스템

미드저니 생성 이미지 2
(출처 : 저자 작성)

### AI로 다 되는 신상품 출시 시스템

챗GPT와 미드저니를 결합해, 광고 사진과 함께 신상품 제안을 할 수 있는 시스템을 개발했다. 공개하는 모델, 상품 포스터, 그리고 캐치프레이즈까지 모두 AI로 생성된 것이다.

### 만들고 싶은 것을 결정한다

원하는 상품과 타겟을 결정하는 것이 첫 단계다. 대략적인 결정만으로도 충분하며, 일반적인 상품이라면 인공지능이 어떤 상품이든 생성해준다.

상품 선택 시 될 수 있으면 일반적인 상품을 고르면 좋은 결과를 얻기 쉽다. 타깃 설정은 '나이, 국적, 성별'로 입력하면 결과가 안정적으로 나온다.

예시 1

> 상품 : 숲을 상징한 뷰티 에센스
> 타깃 : 20대 검은 긴 머리를 가진 한국 여성
> 캐치 카피의 글자 수 : 18자 정도

어느 정도 설정대로 결과를 얻을 수 있지만, 편차가 생기기 쉬운 부분은 밸런스를 고려해 자유롭게 사용해보는 것이 좋다.

이번에 만든 프롬프트를 챗GPT(GPT-4 사용)에 제출하면, 새로운 상품을 고안하고 광고 포스터를 만들 수 있는 필요한 정보를 요약해 알려줄 것이다.

**챗GPT가 신제품을 개발**

이제 실제로 해보자! 다음은 자동으로 생성된 내용이다.

1단계 : 페르소나 작성

페르소나 : 지윤

· 외모 : 검은 긴 머리, 고요한 눈빛, 부드러운 피부톤
· 패션 : 미니멀한 스타일로 중립색상과 함께 간간이 대비되는 액세서리로 포인트를 줌.
· 생활 스타일 : 자연과 함께 하는 것을 좋아해서 주말마다 등산이나 피크닉을 즐김. 유
　　기농 제품과 친환경 제품에 관심이 많음.

## 2단계 : 상품 안

상품명 : 숲의 깨달음 에센스

상품의 특징 :
· 천연 성분으로 만들어짐.
· 재활용 가능한 포장 사용
· 숲의 싱그러운 향과 함께 피부에 생기를 더해줌.

상품의 외관 :
· 다크 그린 유리병
· 나무로 만들어진 뚜껑
· 병 전체에 물방울 형태의 디자인, 병 안의 액체가 움직일 때마다 숲에서 이슬이 떨어
　지는 느낌을 줌.

## 3단계 : 캐치 카피

1. 숲의 생명력, 당신에게
2. 자연의 에센스, 피부에
3. 숲의 이슬, 당신의 피부에
4. 숲에서 깨달은 뷰티의 비밀
5. 순간, 숲이 숨 쉬는 그 느낌
6. 숲의 신비, 당신의 에센스에
7. 피부도 숲이 필요하다.
8. 숲에서 찾은 피부의 건강
9. 자연의 힘, 숲의 깨달음
10. 숲과 함께하는 아름다움

## 4단계 : 촬영 이미지

· 모델 : 지윤
· 외모 : 검은 긴 머리는 자유롭게 휘날리며, 그녀의 부드러운 피부는 은은한 빛을 발한
  다.
· 표정: 자연스럽게 눈을 감으며, 편안하고 여유로운 느낌을 표현
· 카메라 : Sony α7R IV
· 카메라 설정 : ISO 200, f/2.2, 1/600초
· 빛 : 아침의 부드러운 햇살이 지윤의 얼굴과 머리카락을 감싸며, 약간의 은은한 반사판
  을 사용하여 페이스 라이팅 효과를 준다.

## 5단계 : 모델 프롬프트

[Hyper realistic photograph,] Serene Korean woman with long black hair, soft glowing skin, eyes gently closed, bathed in morning sunlight, feeling at peace in nature, ─ar 16:9

## 6단계 : 상품 프롬프트

[Hyper realistic photograph,] Dark green glass bottle with wooden cap, droplet design across, essence inside reflecting forest dewdrop sensation, placed amidst lush green foliage, ─ar 16:9

## 미드저니에서 이미지 만들기

챗GPT로 만든 미드저니용 프롬프트를 실제 입력하니, 원하는 이미지가 생성되었다.

AI가 생성한 모델 이미지
(출처 : 저자 작성)

AI가 생성한 상품 이미지
(출처 : 저자 작성)

### 이미지 편집 앱으로 광고 포스터 만들기

이 과정까지 약 15분 소요될 것이다. 마지막으로 이미지 가공만 익히면, 이미지 연결과 문자 넣기 등 간단한 작업만 해주면 된다. 미드저니는 현재 문자 작성이 서투르니 필요한 경우 가공 수정이 필요하다. 단시간에 뛰어난 퀄리티로 완성할 수 있으며, 그대로 사용하거나 회의 자료로도 활용할 수 있다.

숲을 상징한 뷰티 에센스 이미지
(출처 : 저자 작성)

마지막으로 이미지 가공은 익혀야 할 부분이나, 할 일은 이미지를 연결하고 글자를 삽입하는 것뿐이므로 복잡하지 않다. 하지만 주의해야 할 점은 미드저니가 아직 텍스트 작업에 능숙하지 않다는 것이니, 필요한 경우 수정하거나 가공해야 할 수도 있다.

이렇게 단시간에 높은 퀄리티의 이미지 작업을 할 수 있다는 것은 정말 놀라운 일이다! 바로 사용해도 좋을 뿐만 아니라, 페르소나와 같은 데이터도 준비되어 있으므로 신제품 개발 회의에서 이 자료를 활용하면 누구나 쉽게 고수준의 제안을 할 수 있을 것이다. 이 자료는 제안의 질을 높이고, 팀원들의 이해를 돕는 데 큰 도움이 될 것으로 예상된다.

### 예시 2

> 상품 : 혁신적인 디자인의 미래 자동차
> 타깃 : 스니커즈를 선호하는 캐주얼한 20대 한국 남성
> 캐치 카피의 글자 수 : 18자 정도

## 챗GPT가 신제품을 개발

이제 실제로 해보자! 다음은 자동으로 생성된 내용이다.

### 1단계 : 페르소나 작성

> 페르소나 : 정호
>
> · 외모 : 슬림한 체형, 검은색 머리, 갈색 눈동자, 약간의 수염.
> · 패션 : 캐주얼한 스트리트 스타일, 흔히 스니커즈와 데님 진, 블랙 티셔츠.
> · 생활 스타일 : 도시를 사랑하며, 카페에서 시간을 보내는 것을 좋아함. 주말에는 자동차 드라이브를 즐김. 소셜 미디어에 자신의 일상을 자주 게시함.

## 2단계 : 상품 안

상품명 : UrbanX 드라이브

상품의 특징 :
· 초고속 충전, AI 주행 보조, 지능형 인터페이스

상품의 외관 :
· 광택 나는 검은색 바디, 유려한 외곽선, 앞면에는 세련된 LED 헤드라이트, 차량 뒷면
에는 미래적인 디자인의 테일라이트. 차체 하단에는 심플한 스포일러 디자인, 차량 옆
면에는 간결한 라인 디자인이 특징

## 3단계 : 캐치 카피

1. 도시의 미래, UrbanX
2. 당신의 스타일, UrbanX와 함께
3. 빠르게 충전, 느리게 사라지지 않는 스타일
4. 진화된 주행, 비교 불가 스타일
5. 미래를 담은 주행
6. UrbanX, 당신의 라이프스타일을 업그레이드
7. 차가 아닌, 패션의 연장선
8. 도시의 페이스메이커, UrbanX
9. 지금 당신의 스타일을 선정하라.
10. UrbanX, 스타일링의 미래

## 4단계 : 촬영 이미지

· 카메라 : Canon EOS R5
· 설정 : 85mm f/1.4, ISO 100, 1/200초
· 분위기 : 도시의 거리에서 흐르는 햇빛 아래, 약간의 명암 대비가 있는 표정. 빛을 반사
해 얼굴에 약간의 하이라이트 효과를 줌.
· 모델 : 정호는 머리를 약간 뒤로 빼고, 카메라를 바라보면서 자신감 있고 차분한 표정
을 지닌다. 그의 검은색 티셔츠와 데님 진이 도시의 배경과 잘 어울림.

### 5단계 : 모델 프롬프트

[Hyper realistic photograph,] Young Korean male with black hair, confident and calm expression, wearing black tee and denim jeans, sunlight creating highlights on face, urban background. ─ar 16:9

### 6단계 : 상품 프롬프트

[Hyper realistic photograph,] Sleek black futuristic car with glossy body, streamlined contours, sophisticated LED headlights and tail lights, minimal spoiler design, simple line detail on sides, amid a bustling city backdrop. ─ar 16:9

## 미드저니에서 이미지 만들기

챗GPT로 만든 미드저니용 프롬프트를 실제 입력하니, 원하는 이미지가 생성되었다.

AI가 생성한 모델 이미지
(출처 : 저자 작성)

AI가 생성한 제품 이미지
(출처 : 저자 작성)

## 이미지 편집 앱으로 광고 포스터 만들기

스트리트를
지배하는 자동차

AI가 생성한 UrbanX 드라이브 광고 이미지
(출처 : 저자 작성)

얼마든지 양산 가능!

너무 간단하고 재미있어서 다양한 상품에 대해 대량으로 생산해 봤다.

상품 : 최신 기술로 지어진 신축 단독주택
타깃 : 정장 차림의 업무 스타일 40대 한국 남성

AI가 생성한 모델 이미지
(출처 : 저자 작성)

AI가 생성한 상품 이미지
(출처 : 저자 작성)

최첨단 기술이
빛나는 공간

AI가 생성한 최신 기술로 지어진 신축 단독주택 광고 이미지
(출처 : 저자 작성)

누구나 동일한 퀄리티로 생성 가능하지만, AI의 이미지 생성은 랜덤하므로 미드저니에서 결과가 다를 수 있다. 같은 프롬프트를 2~3번 입력해 가장 마음에 드는 이미지를 선택하면 좋은 결과를 얻을 수 있을 것이다.

필자는 20년 전에 일본에서 그래픽 디자인을 전공했고, 일본의 광고대행사에서 디자이너로 일했다. 현재는 인공지능(AI)을 어떻게 활용할 수 있을지 연구하고 있다. 항상 새로운 정보를 파악하며, 서로 즐겁게 배우기를 원한다. 많은 분과 함께하고 싶다.

# 눈길을 끄는 광고 사진 만들기

　시장 경쟁이 치열한 상황에서, 고품질의 상품 사진은 다른 제품들 사이에서 돋보이게 하며 매출 증대에 기여한다. 상품 사진을 잘 만들면 잠재 고객의 시선을 사로잡고 기억에 남게 만들 수 있을 것이다. 이미지 생성 AI를 활용한다면 적절한 프롬프트만 있으면 된다. 적절한 프롬프트만으로 제품을 한 단계 더 끌어올리고 판매력 있는 이미지를 구축할 수 있다.

　상품 촬영은 쉽지 않은 작업이다. 특히 자연광의 끊임없는 변화는 따라가기 어려운 부분이기도 하다. 하지만 미드저니를 활용하면 걱정할 필요가 없다. 포토리얼한 이미지를 완벽하게 구현할 수 있는 탁월한 도구로, 상품 촬영을 위한 완벽한 세팅을 제공한다.
　이 글에서는 적합한 프롬프트와 도구를 활용해, 단계별로 매력 넘치는 상품 사진을 어떻게 만들 수 있는지 알려드리겠다.
　기본적인 사진 촬영부터 시작해, 상품의 특징이나 배경 설정, 전체 맥락 등 세부 사항을 점진적으로 추가해 나가는 방법을 소개한다. 마지막으로 키워드와 파라미터를 포함한 광고 포스터 제작의 비법을 전수해드리겠다.


1. 기본적인 요소

2. 장식 아이템

3. 구성

4. 조명

5. 각도

6. 광고 포스터 제작 비법


## 1. 기본적인 요소

먼저 기본부터 시작해보자. 제품의 사진 현실감 있는 이미지를 만들 경우, 다음 단어 중 하나가 없으면 시작할 수 없다.


· 제품 촬영(Product Photography)

· 상업 사진(Commercial Photography)


미니멀한 스타일에는 연한 색상, 중간 색상, 밝은 색상을 선택한 깔끔한 배경이 추천된다.

· 베이지

· 화이트

· 라이트 그레이

· 라이트 핑크

· 라이트 블루

· 파스텔 톤

## 향수병 – 상품 촬영의 기본

Product photography, a perfume bottle, on a clean light blue background ──s 750
──v 5.2

AI가 생성한 이미지
(출처 : 저자 작성)

## 2. 장식 아이템

상품 사진을 가장 잘 찍으려면 방해물이 적고 안정적인 밝은 배경을 준비해야 한다. 이를 통해 전문적인 이미지를 연출할 수 있으며, 타깃 고객에게 긍정적인 인상을 남길 수 있다.

오늘의 주제는 고급품이므로, 장식품은 심플한 것을 고르는 것이 좋다. 이를 통해 미니멀하면서도 깔끔한 장면을 연출하려 한다. 이때 추천하는 아이템은 다음과 같다.

· 돌(Rock)

· 꽃(Flower)

· 나뭇가지(Branch)

· 드라이 플랜트(Dry Plant)

· 잎(Leaf)

· 나무(Tree)

### 몇 가지 꽃

Product shots, one bottles of organic cosmetics, clean white background, some flowers, flat frontal shot, beautiful soft lighting and shadows —s 750 —v 5.2

미드저니가 생성한 꽃장식 상품 이미지
(출처 : 저자 작성)

## 돌과 나뭇가지

Product photography, one white skin cream product, on a clean light gray background, a stone, a branch, a flat front shot, soft lighting, minimal style

미드저니가 생성한 돌과 나뭇가지 장식 상품 이미지
(출처 : 저자 작성)

## 3. 구성

어떤 것을 넣을지, 그리고 그것을 프레임 안에서 어떻게 배치할지 결정하는 것은 상품 사진을 완벽하게 만들기 위한 필수 과정이다.

직사각형의 공간 안에서 주제나 장면을 명확하게 배열하는 것은 중요하며, 생각보다 까다로운 작업이기도 하다.

- 중앙에 배치하는 구성(Center Composition)
- 기하학적 형태로 구성(Geometric Composition)
- 수평으로 배열하는 구성(Horizontal Composition)

### 센터 컴포지션 – 스킨케어 제품

Product photography, skincare product, flowers, wood on sparkling water, clean, minimal dreamy background, rococo pastel tone, center composition, high resolution —s 750 —v 5.2

미드저니가 생성한 센터 컴포지션 이미지
(출처 : 저자 작성)

## 지오메트릭 컴포지션

Product photography, skincare products, on a clean light beige background, with some stones, wood, a flat front shot, geometric composition, soft lighting, minimal style, ultra high definition

미드저니가 생성한 지오메트릭 컴포지션 이미지
(출처 : 저자 작성)

## 수평 구도

Commercial photography, a perfume bottle, on pastel color background, with flowers, minimal, dreamy, soft lighting, horizontal composition —s 750 —v 5.2

미드저니가 생성한 수평 구도 이미지
(출처 : 저자 작성)

## 4. 조명

조명은 사진 촬영의 가장 중요한 요소 중 하나다. 특별히 창문을 통한 자연광을 활용할 때, 갑작스런 구름이 끼면 새로운 유형의 조명을 위해 신속히 조절해야 하는 상황도 발생한다. 이러한 조명은 분위기를 창조하고, 깊이와 질감을 연출하며, 사진의 특정 요소를 부각시킬 수 있다.

미드저니에서는 다양한 조명 기능을 통해 광원을 제어하고 최적 상태로 조절할 수 있다. 아름다운 햇살부터 아침의 따뜻한 빛, 자연스러운 빛까지 다양한 느낌을 연출할 수 있는 기능들이 준비되어 있으니 활용해보자.

· 어드밴스드 라이팅(Advanced Lighting)

· 아름다운 햇살(Beautiful Sunlight)

· 아침의 빛(Morning Light)

· 자연광(Natural Light)

· 부드러운 그림자 조명(Soft Shadow Lighting)

· 분할 조명(Split Lighting)

· 스튜디오 조명(Studio Lighting)

또한, 창문을 통해 들어오는 아름다운 빛을 활용해 멋진 음영 표현도 도전해보자. 이를 통해 단순히 사진을 찍는 것을 넘어 예술적인 작품을 창조할 수 있게 될 것이다.

## 자연광

Product photography, skin care product, lying on the water surface, with flowers, stone on sparkling water, natural lighting, nature photorealistic photography, dreamy tones, focus on product, center composition, high resolution

미드저니가 생성한 자연광 이미지
(출처 : 저자 작성)

## 스플릿 라이팅

Commercial photography, a perfume bottle, split lighting, geometric composition, minimal plane, top advertising, high deatil, UHD, 32k

미드저니가 생성한 스플릿 라이팅 이미지
(출처 : 저자 작성)

## 창문의 빛과 그림자

Product photography, a bottle of champagne,, with flowers beside, high end, minimalist environment, gold and white wall highlighting the product, beautiful lighting and shadow from the window, top notch —s 750 —v 5.2

미드저니가 생성한 창문의 빛과 그림자가 있는 이미지
(출처 : 저자 작성)

## 5. 앵글

촬영 앵글은 사진에 어떤 느낌과 감정을 전달할 것인지를 결정 짓는 중요한 요소다. 다양한 앵글을 활용하면 특정 요소를 강조하거나 원하는 감정을 이미지에 표현할 수 있다.

· 전면 앵글(Front Angle)

· 프로파일 각도 - 제품 측면(Profile Angle - Product Side)

· 45도 각도(45-degree Angle)

· 백 앵글(Back Angle)

· 높은 각도(High Angle)

· 상품의 특징을 세밀하게 확대하여 촬영하는 '매크로 샷'(Macro Shot : Capturing the detailed features of a product)

이렇게 다양한 앵글을 통해 제품의 여러 면면을 표현하고, 원하는 메시지와 감정을 효과적으로 전달할 수 있다.

### 하이 앵글 촬영

Product photography, a perfume bottle, on top of a mirror againt a bright sky blue sky, with clouds, surrounded by flowers, dreamy serene atmosphere, sunlight refracting, high angle shot, high detail, 4k, HD ──s 750 ──v 5.2

미드저니가 생성한 하이 앵글 이미지
(출처 : 저자 작성)

## 프로파일 각도

Product photography, a glass of skin care essence and rose, on an open and white table, soft bright gold sunlight, the sunlight reflects through the glass, beutiful sun light and shadow, the profile angle shot, clean —s 750 —v 5.2

미드저니가 생성한 프로파일 각도 이미지
(출처 : 저자 작성)

### 상향 45도 시야각

Product photography, a glass ball perfume sitting on top of a tree branch, with white flowers, romanticism, blue iris, beautiful lighting and shadow, 45 degree upward viewing angle, 4k, HD, clear details, dof —s 750 —v 5.2

미드저니가 생성한 상향 45도 시야각 이미지
(출처 : 저자 작성)

## 6. 광고 포스터 제작 비법

광고 포스터를 디자인할 때는 '중앙의 큰 공간'이라는 키워드를 넣음으로써 타이틀과 설명문을 넣을 공간을 확보할 수 있다. 또한, 필요에 따라 비율을 조정해야 할 때도 있다.

· 2:3(인물 사진용)
· 풍경 사진은 3:2

## 풍경 포스터 — ar 3:2

Commercial photography, a perfume bottle, on beige background, central big empty space, with flowers, pastel color background, serene floral theme, minimal, dreamy, horizontal composition —ar 3:2 —s 750 —v 5.2

미드저니가 생성한 풍경 포스터 이미지
(출처 : 저자 작성)

## 포트레이트 포스터

Commercial photography, a skincare cosmetic bottles, on beige background, central big empty space, morning lighting and shadow from the window, minimal, dreamy scenes, horizontal composition —ar 2:3 —s 750 —v 5.2

미드저니가 생성한 포트레이트 포스터 이미지
(출처 : 저자 작성)

## 7. 대형 제품의 경우

전자제품과 같은 큰 제품의 경우, 거실이나 욕실, 부엌 등 보다 큰 맥락을 담고 싶을 것이다. 또한, 조명에 관해서는 '빛이 넘쳐나는 풍경'을 사용하면 좋을 것으로 보인다

### 공기청정기

Product photography, air purifier, in a minimalist style living room, beige and white, serene and calm, monochrome scheme, light-filled landscape, UHD, octane rendering, ultra HD, details —s 750 —v 5.2

미니저니가 생성한 공기청정기 이미지
(출처 : 저자 작성)

## 사용 사례 예시 : 자체 제품의 전문적인 상품 사진 제작하기

미드저니와 적절한 도구가 있다면, 몇 가지 간단한 단계만으로 상품에 완벽한 상업 이미지를 얻을 수 있다.

### 1. 상품 사진 이미지의 제작
앞서 언급한 스킬과 구성을 활용해 상품의 사진 촬영을 진행한다.

### 2. 이미지 내의 제품 추출
클립드롭(Clipdrop)과 같은 도구를 사용해 이미지 내의 제품을 추출하고 불필요한 부분을 제거한다(https://clipdrop.co/remove-background).

### 3. 자체 제품으로 대체
마지막으로, 상품을 장면에 배치한다. 이는 포토샵이나 일러스트레이터 프로그램으로 쉽게 할 수 있다. 또는 무료로 사용하기 쉬운 캔바를 사용하는 것도 추천한다.

어떠한가? 기본적인 프롬프트와 구조, 조명 등을 이해하면 미드저니를 통해 상업 사진의 제작이 가능해진다. 처음에는 어려움을 느낄 수도 있으나, 꼭 도전해보시길 바란다.

# 아름다운 AI 모델 제작 방법

2022년에 갑작스레 등장한 이미지 생성 AI인 미드저니는 점점 더 성장하며 화제가 되고 있다. 특히 AI로 생성된 미인 이미지는 퀄리티가 높아, 이제는 실재하는 아이돌보다 더 인기를 끌고 있다.

이 글에서는 미드저니를 활용해 아름다운 한국 여성을 생성하기 위한 프롬프트와 설정에 대해 설명하겠다. 이 프롬프트를 사용하면 다음과 같은 아름다운 한국 여성을 출력할 수 있다.

### 한국 미인을 생성하는 프롬프트 실제 예시 1

Color documentary photography, beautiful young woman of half white Korean smiling and lounging in forest in Seoul, Slender and well-defined face, Pale and fine skin with light makeup, full body shot, Cool summer attire, sharp focus, 4k, —ar 9:16

이 프롬프트를 사용하면, 아름다운 한국 여성을 안정적으로 생성할 수 있을 뿐만 아니라, 의상이나 장소를 변경하는 등 다양한 용도로 활용할 수 있다. 실제로 생성한 이미지를 추가로 보여드리겠다.

(출처 : 저자 작성)

이 장에서는 프롬프트의 실제 예시를 포함한 이미지들을 공개하고 있다. 제작의 비법과 의미에 대한 해설, 미드저니 측의 설정을 소개하고 있으므로, 미드저니를 통해 아름다운 한국 여성을 생성하고 싶으신 분들께는 큰 도움이 될 것이다.

(출처 : 저자 작성)

(출처 : 저자 작성)

Portrait photo with light color, beautiful young woman of Korean origin, she touches her ear with a natural smile in a botanical garden in Seoul; Slender and well-defined face, Pale and fine skin with light makeup, wearing Blue shirt and gray skinny pants and necklace, full body shot, Canon Cameras portrait mode, white balance 5500k, high-definition, 4k, —ar 9:16

(출처 : 저자 작성)

Documentary photo with light color, beautiful young woman of Korean smiling and lounging in forest in Seoul, Slender and well-defined face, Pale and fine skin with light makeup, full body shot, Cool summer attire, sharp focus, 4k, —ar 9:16

(출처 : 저자 작성)

Portrait photo with light color, beautiful young woman of Korean she touches her ear with a natural smile in botanical garden in Seoul, Slender and well-defined face, Pale and fine skin with light makeup, wearing Blue shirt and gray skinny pants and necklace, full body shot, Canon Cameras portrait mode, white balance 5500k, high-definition, 4k, ─ar 9:16

(출처 : 저자 작성)

Portrait photo with light color, beautiful young woman of Korean smiling and lounging in Interior store in a Seoul park, Slender and well-defined face, Pale and fine skin with light makeup, wearing casual dress, full body shot, Canon Cameras portrait mode, white balance 5500k, high-definition, 4k, —ar 9:16

(출처 : 저자 작성)

Portrait photo with light color, beautiful young woman of Korean smiling and lounging in Interior store in a Seoul park, Slender and well-defined face, Pale and fine skin with light makeup, wearing casual dress, full body shot, Canon Cameras portrait mode, white balance 5500k, high-definition, 4k, ──ar 9:16

(출처 : 저자 작성)

Portrait photo with light color, beautiful young woman of Korean smiling and lounging in Seoul Florist, Slender and well-defined face, Pale and fine skin with light makeup, wearing casual dress, full body shot, Canon Cameras portrait mode, white balance 5500k, high-definition, 4k, —ar 9:16

## 프롬프트에 대한 설명(중요한 요점만 빠르게!)

### 프롬프트의 핵심은 다음과 같다

1. beautiful young woman of Korean(한국인인 아름다운 젊은 여성)
현대적인 젊은 여성 이미지를 더 쉽게 표현할 수 있다.

2. smiling and lounging(웃는 얼굴로 편안히 쉬고 있다)
자연스러운 표정을 나타내는 표현이다.
'Having fun(즐기고 있다)' 등의 다양한 표현을 시도해 볼 수 있다.

3. forest in Seoul(서울의 숲)
장소는 전체 분위기를 결정짓는 중요한 요소이다.
'seaside in Seoul', 'Seoul Beaches', 'cafe in Seoul', 'Seoul station', 'garden in Seoul' 등의 다양한 장소를 활용해보자.

### 복장에 관해서

다음과 같은 형식이 있지만, 다양하게 시도해볼 수 있다.
- Cool summer attire(시원한 여름 복장)
- Beige blouse with necklace(베이지 블라우스와 목걸이)
- wearing ○○ and ○○(선호하는 옷을 지정)
- Cool figure in sleeveless(민소매 상의를 착용한 시원한 모습)

### 프롬프트 만드는 추천 절차

프롬프트 예시를 바탕으로 다음 절차를 따라 부분을 변경하면 다양한 응용이 가능하다.

1. 장소 변경('○○ in Seoul'처럼 다양한 장소를 시도해 이미지 생성)
2. 복장 변경
3. 표정 변경
4. 인종 변경

※ 주의 : 쉼표의 위치도 중요하니, 변경하거나 늘리지 않는 것이 유사한 이미지 생성에 좋다.

### 프롬프트 구조

프롬프트는 모두 동일한 구조로 이루어져 있으며, 그 구조는 다음과 같다.

(이미지의 질감) + (인물+표정+장소) + (체형) + (피부+메이크업) + (전신) + (의상) + (화질)

각 부분의 순서와 문장 부호의 위치는 의미가 있으며, 이에 대해 자세히 설명해드리겠다.

### 이미지의 질감

이미지의 큰 틀과 질감을 결정하기 위해 '○○ 스타일의 사진'과 같은 방식으로 지정할 수 있다. 필자는 주로 다음을 사용한다.

- Color documentary photography
- Documentary photo with light color
- Portrait photo with light color

'Documentary'를 사용하면 화려함이 줄어들고, 자연스러운 느낌이 강조된다. 'Light color'를 추가하면 더욱 차분한 인상을 강조할 수 있다.

'Portrait'의 경우, 배경이 흐리게 되어 인물이 돋보이는 효과가 있다. 그러나 그대로 사용하면 색상이 따뜻한 쪽으로 치우칠 수 있으므로, 'white balance 5500k'를 추가해 화이트 밸런스를 조정하고 있다.

### 인물+표정+장소

프롬프트의 중심이 되는 부분이다. 예를 들면 다음과 같이 표현한다.

- beautiful Korean woman smiling and lounging in a park in Seoul,

- beautiful young Korean woman having fun in a sunflower field in Seoul,

'Korean'이라고 명시하면 현대적인 한국 여성의 이미지가 나타난다. 서울의 다양한 장소를 배경으로 한 표현을 사용하면 더욱 현실적이고 풍부한 느낌을 전달할 수 있다.

- beautiful young women of Korean smiling and lounging in forest in Seoul,

이 프롬프트의 중요한 부분은 한 문장 안에 인종, 표정, 장소가 모두 포함되어 있다는 것이다. 서울을 장소로 선택하는 이유는 서울을 지정함으로써 현대적인 젊은 한국 여성이 쉽게 생성되기 때문이다.

'cafe in Seoul, garden in Seoul, interior shop in Seoul' 등 다양하게 시도해보자. 'forest in Seoul'이라고 하면 모자를 쓰는 경우가 많지만, 끝에 --no hat와 같은 네거티브 프롬프트를 추가하면 없앨 수 있다.

장소에 따라 인물이나 의상의 분위기가 완전히 바뀔 수 있으므로, 처음에는 여러 장소를 시도해보고, 좋은 것을 찾은 다음에 인종이나 의상 등을 바꾸는 것이 좋을 것이다.

또한 주의할 점은, 중간에 쉼표를 넣으면 갑자기 얼굴이 바뀌어

버리는 경우가 있다. 짧아진 문장 때문에 알고리즘이 한국인이라는 단어를 강조하게 되는 것으로 생각된다.

표정은 'smiling and lounging(웃는 얼굴로 편안하게 있다)'이라고 하면 자연스러운 미소를 쉽게 만들 수 있어서, 자주 사용하고 있다. 'natural smile'은 조금 딱딱한 미소로 나타난다.

체형은 'Slender and well-defined face,(날씬하고 정교한 얼굴,)'라고 주로 넣는다. 날씬하다는 표현은 다양하게 변경해보는 것도 좋다. 'well-defined face'는 외모를 지정하는 데 사용하기 쉽다.

## 피부 + 메이크업

Pale and fine skin with light makeup,
희고 섬세한 피부와 연한 메이크업

가능한 한 자연스러운 분위기를 내기 위해 피부의 질감을 지정하고 있다.

## 전신

full body shot
전신 촬영

전신을 지정하고 있지만, 전신이 나오는 경우는 거의 없다. 대부분 상반신이나 허리부터 위쪽만 나온다. 다른 이미지 생성 AI에서는 'cowboy shot(다리 중간부터 위)'과 같은 지정 방법이 있지만, 미드저니의 경우 그렇지 않으며, 모자를 쓰거나 말이 나오기도 한다.

### 의상

필자는 다음과 같은 형식으로 지정하고 있지만, 다양하게 시도해보는 것이 좋다.

Cool summer attire,(시원한 여름 복장)

Beige blouse with necklace,(베이지색 블라우스와 목걸이)

wearing ○○ and ○○,(원하는 옷 지정)

Cool figure in sleeveless,(민소매를 입은 시원한 모습)

※ sleeveless를 넣으면 팔의 노출이 늘어난다.

### 화질

다른 프롬프트를 참고해서 다음과 같이 지정하고 있다.

sharp focus, 4k, --ar 9:16

'high resolution(고해상도)'도 자주 사용되는 것 같지만, 개인적으로는 'sharp focus'가 더 좋다고 느낀다. 마지막 --ar 9:16은 이미지의 종횡비를 지정하는 미드저니의 기능이다.

## 카메라

일부 작업 예시에서는 'Canon Cameras portrait mode'와 같은 방식으로 프롬프트에서 카메라 제조사를 지정하고 있다. 제조사 이름을 추가하면 전신이 쉽게 나온다. 그러나 얼굴이나 색감이 변하거나, 포즈도 변함이 없기 때문에 현재는 별로 사용하고 있지 않다.

## 프롬프트 제작 순서

현재 다음과 같은 방식으로 다양한 콘텍스트에서 미인 이미지를 창조하고 있다. 과거의 프롬프트를 참고해 한 부분마다 단어를 교환하며 출력하는 과정을 거치고, 결과가 만족스러우면 다음 단계로 진행한다.

1. 장소 선정 : 예를 들어 '○○ in Seoul'과 같이, 여러 장소를 실험해서 아름다운 한국 여성이 등장하는 상황을 찾는다.
2. 의상 선택 : 적절한 복장을 결정한다.
3. 표정 결정 : 이미지의 표정을 정밀하게 고른다.
4. 인종 변화 : 다양한 인종을 시도해 이미지를 변화시킨다.

# 시선을 사로잡는 제품 사진 및 디자인하기

미드저니의 최신 버전인 V5.2를 통해 이전보다 더 빠르게 제품을 프로토타입화하고 검증할 수 있게 되었다.

Close-up / Macro Photography

Eye-level

Top Down / High-Level View

## 1. Close-up / Macro Photography

(출처 : 저자 작성)

commercial photography of cyberpunk Gaming consoles, pastel neon background, 32k uhd, triadic color grading —s 75 —v 5.2 —ar 4:3

(출처 : 저자 작성)

macro product photography, marijuana bud, violet strain, studio lighting white background, 420 —v 5.2 —ar 16:9 —stylize 1000

(출처 : 저자 작성)

macro product photography of an sapphire iphone 14 pro max, studio lighting —ar 16:9 —q 2 —v 5.2

## 2. Eye-level

(출처 : 저자 작성)

Eye–level Commercial film photography of a white wine bottle in the middle of vines from the south of France, sunny summer day, packshot, focus, depth of field, shot on 120mm, shot on Hasselblad, sharp focus, ──v 5.2 ──ar 16:9

## 3. Top down / High - level view

(출처 : 저자 작성)

Freshly baked cookies with chocolate chips on top. Top down view. Shot using a Hasselblad camera, ISO 100. Professional color grading. Soft shadows. Clean sharp focus. High − end retouching. Food magazine photography ──v 5.2 ──ar 16:9

(출처 : 저자 작성)

steaming cup of cappuccino standing on a table, close-up shot, Coffee beans. The logo made from the coffee on the cup is visible from a slightly angled top-down view. The photo was taken with a professional camera using soft warm lighting, without a flash. —v 5.2 —ar 16:9

## 4. Product Effects

(출처 : 저자 작성)

Commercial photography, powerful explosion of purple dust, designer lipstick, white lighting, studio light pastel background, high resolution photography —v 5.2 —ar 4:3

(출처 : 저자 작성)

Commercial photography, powerful explosion of mix color dust, designer shoes, white lighting, studio light, high resolution photography, insanely detailed, fine details, isolated plain, stock photo, professional color grading, award winning photography, ─v 5.2

(출처 : 저자 작성)

Commercial photography, powerful objects pouring in a glass, a can of coca─cola, white lighting, studio light, water splash effect, high resolution photography, insanely detailed, fine details, isolated plain, stock photo, professional color grading, award ─ winning photography ─ar 4:3 ─v 5.2

(출처 : 저자 작성)

Fresh banana seamless background, adorned with glistening droplets of water.
Top down view. Shot using a Hasselblad camera, ISO 100. Professional color
grading. Soft shadows. Clean sharp focus. High — end retouching. Food magazine
photography. Award winning photography. Advertising photography. Commercial
photography

## 5. Product Effects

Cross Processing Color Grading

높은 대비, 강조된 채도, 그리고 특이한 색상 변화로 특징 지어
지는 독특하고 스타일화된 외관을 만들어낸다.

(출처 : 저자 작성)

Eye-level product film photography of an air freshener bottle spray, bamboo trees background, focus, depth of field, shot on 120mm, shot on Hasselblad, Cross Processing Color grading —v 5.2

Triadic Color Grading

색상 휠에서 서로 동일한 거리에 있는 세 가지 색상을 사용해, 광고, 그래픽 디자인 및 제품 브랜딩에서 일반적으로 사용되는 것이다. 시청자의 눈길을 끌기 위해 즐거운 색상 조합은 필수적이다.

(출처 : 저자 작성)

## Moody Color Grading

무드 컬러 그레이딩은 주변 배경 제품의 밝기와 대비를 줄이면
서도 제품의 어두운 색조를 연출해서 영화적인 느낌을 만든다.

(출처 : 저자 작성)

## Vintage Color Grading

(출처 : 저자 작성)

> Commercial shoot of soccer boots, blue red white stripes gold studs, Adidas hyper-detailed, zoomed, Adidas Collaboration with Barcelona Theme,shot on 120mm, shot on Hasselblad, Vintage Color grading —ar 2:1 —v 5.2

## 6. 시도해볼 만한 것들!

### Colex Watch(Rolex inspired)

(출처 : 저자 작성)

> Colex :: 1 watch Colex 〉 text product photo, black background front view, it is made of gold and contains diamond, watch for men, spell text correctly and clear —v 5.2

### Buchi Designer Bag(Gucci)

중간에 텍스트를 추가하면 배경 프롬프트가 작동하지 않을 수도 있다. 그런 경우를 방지하기 위해 항상 최소한의 배경을 선택하는 것이 좋다.

프롬프트에 'white background, --no background'이 있더라도 생성된 사진에는 여전히 그 배경이 있다. 따라서 최소한의 배경과 정확한 텍스트가 있는 생성된 이미지를 선택해야 한다. 이것이 다음 프롬프트의 기준이 될 것이다.

(출처 : 저자 작성)

Bucchi :: 1 designer Bag Buchi 〉 text product photo, close up, a majestic background 3d by Salma Aboukar, trending on aestheticism, wallpaper, made of flowers, feminine, high detailed, close up, spell text correctly and clear —v 5.2

(출처 : 저자 작성)

macro photography of a high graded green matcha powder on a white background, high resolution, studio lighting, with shadows, modern, minimalistic, neutral color pallete, gradient packaging —v 5.2

(출처 : 저자 작성)

a close—up shot of a dark brown leather wallet on a white background, high resolution, studio lighting, with shadows, modern and sleek design, minimalistic, neutral color palette, shiny finish, gradient packaging —v 5.2

(출처 : 저자 작성)

close-up shot of a pink and purple bath bombs on a white background, high resolution, studio lighting, with shadows, modern, minimalistic, neutral color pallete, gradient packaging —v 5.2

(출처 : 저자 작성)

close-up shot of a green matcha on a white background, high resolution, studio lighting, with shadows, modern, minimalistic, neutral color pallete, gradient packaging —v 5.2

미드저니를 활용하면 무한한 창의력을 발휘해서 이미지를 만들수 있다. 원하는 제품을 만드는 방법에 대한 간단한 가이드를 소개하겠다.

### Labeling(인내심이 필요하다)

텍스트를 제품에 추가하는 데 있어서 프롬프트의 가중치와 순서가 매우 중요하다. 보통 원하는 텍스트가 한 번에 나타나지 않고 여러 번 다시 시도해야 한다.

Prompt guide : [Name of the product] [prompt weight] [type of the product] 〉 text product photo, [shot type] [background], [other prompts], spell text correctly and clear −v 5.2

Colex :: 1 watch Colex 〉 text product photo, black background front view, it is made of gold and contains diamond, watch for men, spell text correctly and clear —v 5.2

(출처 : 저자 작성)

# 챗GPT와 미드저니를 활용한 웹 디자인 창조

현재 주목받고 있는 AI 도구인 챗GPT와 미드저니를 활용해 웹 디자인에 도전해보려고 한다.

**챗GPT로 웹사이트의 이미지를 설명하는 설명문을 생성한다.**

### 챗GPT 출력

웹 디자인(Web Design)은 웹 페이지나 웹 사이트를 생성하고 구성하는 과정을 의미한다. 이는 다양한 요소와 원칙을 포함하며, 아래와 같은 주요 구성 요소가 있다.

### 주요 구성 요소

1. 레이아웃(Layout) : 웹 페이지의 기본 구조와 요소 배치를 결정한다. 레이아웃은 사용자가 정보를 쉽게 찾을 수 있도록 도와야 한다.
2. 색상(Color) : 브랜드 이미지, 목적, 대상 사용자 등을 고려해서

적절한 색상 팔레트를 선택한다.

3. 그래픽 요소(Graphics) : 이미지, 로고, 아이콘 등의 그래픽 요소는 디자인을 보완하고 사용자 경험을 향상시킨다.

4. 폰트(Typography) : 텍스트는 웹 페이지의 중요한 구성 요소입니다. 폰트와 텍스트 스타일은 읽기 쉽고 접근성이 좋아야 한다.

5. 콘텐츠(Content) : 유용하고 관련성 있는 콘텐츠는 사용자가 웹 사이트에 머무르도록 만든다. 콘텐츠는 텍스트, 이미지, 비디오 등 다양한 형태를 가질 수 있다.

6. 인터랙션 및 애니메이션(Interaction & Animation) : 사용자와 상호 작용하는 요소나 동적인 애니메이션은 웹사이트를 더 흥미롭고 사용하기 쉽게 만든다.

7. 응답성(Responsiveness) : 다양한 디바이스와 화면 크기에 적응할 수 있는 디자인은 필수다.

8. 사용성(Usability) : 사용자가 웹사이트를 쉽게 이해하고 사용할 수 있어야 한다. 이는 명확한 네비게이션, 직관적인 인터페이스 등을 통해 달성된다.

9. 접근성(Accessibility) : 모든 사용자, 특히 장애를 가진 사용자가 웹사이트를 쉽게 이용할 수 있어야 한다.

## 웹 디자인 과정

1. 요구 분석 : 프로젝트의 목표, 대상 사용자, 필요한 기능 등을

분석한다.

2. 기획 : 사이트 맵, 와이어프레임, 프로토타입 등을 생성한다.

3. 디자인 : 레이아웃, 색상, 폰트, 그래픽 등을 결정하고 디자인을 만든다.

4. 개발 : 디자인을 코드로 변환하고, 필요한 기능을 구현한다.

5. 테스트 : 다양한 디바이스와 브라우저에서 테스트를 진행한다.

6. 배포 : 웹사이트를 공개하고, 필요한 경우 유지 보수를 한다.

웹 디자인은 기술적인 코딩 능력뿐만 아니라, 사용자 경험, 시각 디자인, 인터랙션 디자인 등 다양한 분야의 지식이 필요하다.

**팝·모던·최첨단 디자인을 연상시키는 디자인으로, 나이키 운동화를 판매하는 웹사이트의 이미지를 구체적으로 설명해달라고 요구한다.**

**챗GPT 출력** : 팝 · 모던 · 최첨단 디자인을 연상시키는 나이키 운동화 판매 웹사이트의 이미지를 구체적으로 설명해드리겠다.

1. 배경 및 레이아웃 :

· 색상 : 미래적이고 현대적인 느낌을 주는 진한 회색 또는 검은

색을 기본 배경색으로 사용한다. 이를 통해 다른 색상 요소와의 대조를 만들어낸다.

· 레이아웃 : 깔끔하고 간결한 그리드 레이아웃을 사용해 제품 이미지와 정보를 중심으로 배치한다.

2. 타이포그래피 :

· 폰트 : 굵은, 현대적인 sans-serif 폰트를 사용하여 강렬한 인상을 준다.

· 텍스트 스타일 : 대문자와 소문자를 혼합하여 제목과 하이라이트 텍스트에 동적인 느낌을 준다.

3. 그래픽 및 애니메이션 :

· 제품 이미지 : 고해상도의 제품 이미지를 사용하며, 제품의 디테일을 강조하기 위해 확대/축소 기능을 제공한다.

· 애니메이션 : 스크롤 시 제품 이미지나 텍스트가 부드럽게 등장하는 효과나, 마우스 오버 시 제품 이미지가 부드럽게 회전하는 효과를 추가한다.

4. 색상 팔레트 :

· 강조색 : 나이키의 대표색인 빨간색 또는 주황색을 강조색으로 사용해 버튼, 링크, 하이라이트 텍스트에 적용한다.

· 보조색 : 흰색, 회색, 검은색 등을 사용해 깔끔하고 모던한 느낌을 강조한다.

5. 인터랙티브 요소 :

· 버튼 : 평면적이고 간결한 디자인의 버튼을 사용하며, 마우스 오버 시 애니메이션 효과를 추가한다.
· 프로모션 영역 : 최신 제품 또는 특별한 할인 행사를 알리는 대형 배너나 슬라이더를 메인 페이지 상단에 배치한다.

6. 응답성 및 최적화 :

· 모바일 최적화 : 모바일 사용자를 위해 최적화된 디자인을 제공하며, 터치 스크린에 적합한 인터랙션 요소를 구현한다.
· 빠른 로딩 속도 : 최첨단 느낌을 강조하기 위해 웹사이트의 로딩 속도를 최적화한다.


이러한 디자인 요소들을 통해 나이키 운동화를 판매하는 웹사이트는 팝·모던·최첨단 디자인의 느낌을 전달할 수 있다.

사용할 도구인 미드저니는 한글을 지원하지 않으므로, 생성된 문장을 영어로 번역해야 한다.


**챗GPT 설명문을 바탕으로 미드저니로 디자인을 생성한다.**

```
/imagine: website design, ○ ○ ○ ○, 4k —ar 16:9 —v 5.2
```

○ ○ ○ ○ ← 영어 설명문
AI를 통해 웹사이트의 이미지를 생성했다.

(출처 : 저자 작성)

(출처 : 저자 작성)

(출처 : 저자 작성)

(출처 : 저자 작성)

이번에 생성한 것은 디자인 구성 요소지만, 웹 디자인에서 중요한 것은 비주얼의 아름다움뿐만 아니라 사용자 친화성을 고려한 레이아웃이다. 이번에 만든 것이 그대로 실무에서 사용되기는 어려울 수도 있다. 그러나 디자인 아이디어를 제시하는 데는 충분히 활용될 수 있다고 본다. AI의 품질은 앞으로도 계속 향상될 것이고, AI를 활용한 작업은 보편화될 것으로 예상한다.

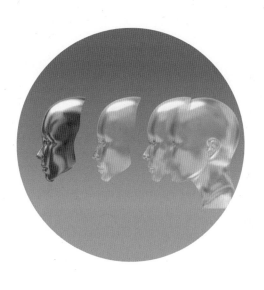

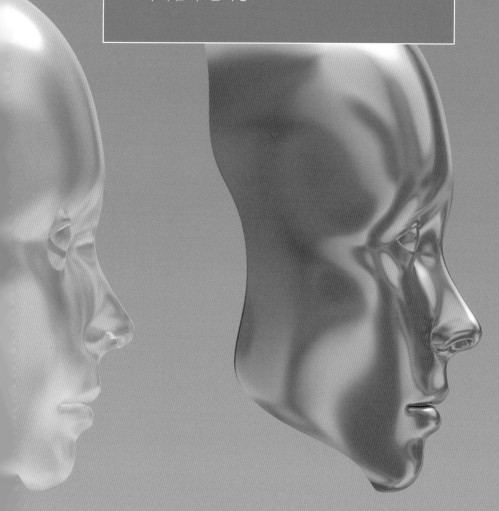

6장 _

미드저니 5.2버전 등장,
차이점과 신기능

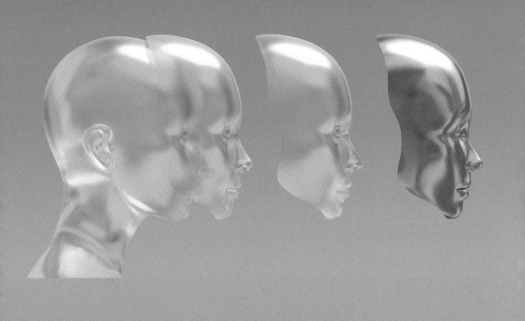

# 미드저니 5.2버전 등장, 차이점과 신기능

이미지 생성 AI인 미드저니의 새로운 기능을 소개해드리겠다. 최근 미드저니의 버전이 업데이트되어 5.2버전이 출시되었다. 이로 인해 색상, 대비, 섬세함 등이 향상되었다.

동시에 Zoom Out 기능과 Vary 기능도 추가되었다. Zoom Out 기능을 사용하면 생성된 이미지를 멀리서 찍은 것처럼 처리할 수 있다. Vary 기능의 경우, 이전에도 변형 기능은 있었지만, Subtle과 Strong이라는 기능이 추가되어 변형의 범위를 조절할 수 있게 되었다.

## 1. 5.2버전의 설정 방법/사용 방법

기본 설정으로는 5.1버전으로 지정된 경우가 많을 것이다. 설정을 바꾸려면 디스코드 입력 화면에 '/settings'를 입력하고 전송하면 된다.

전송하면 해당 화면이 나타나므로, 5.2버전 버튼을 클릭한다.

(출처 : www.midjourney.com)

같은 프롬프트로 얼마나 차이가 나는지 살펴보겠다. 이 부분은 사용자가 쉽게 이해하고 적용할 수 있도록 설명되어 있다.

## 5.1버전

Portrait photo with light color, beautiful young woman of Korean origin, she touches her ear with a natural smile in a botanical garden in Seoul; Slender and well-defined face, Pale and fine skin with light makeup, wearing Blue shirt and gray skinny pants and necklace, full body shot, Canon Cameras portrait mode, white balance 5500k, high-definition, 4k, —ar 9:16

(출처 : 저자 작성)

## 5.2버전

(출처 : 저자 작성)

5.1버전과 5.2버전를 비교하면, 5.2버전의 경우 화질이 더 선명하고 세밀하게 느껴진다. U 버튼을 사용해 화질을 더 좋게 해서, 이렇게 이미지를 만들 수 있었다. 이러한 설명은 사용자가 새로운 버전의 특징을 명확하게 이해하고 활용할 수 있도록 도와준다.

(출처 : 저자 작성)

## 2. Vary 기능의 Subtle과 Strong은 무엇인가?

이전 V1, V2, V3, V4 버튼을 사용해 좋아하는 이미지의 변형을 확장할 수 있었지만, 이번에는 그 변형에 대해 차이가 큰 Strong과 차이가 작은 Subtle 기능이 추가되었다.

### 사용 방법

이 기능은 먼저 U 버튼을 사용하여 이미지를 선명하게 한 후 사용할 수 있다. 먼저 이미지를 생성한 후, 마음에 드는 이미지의 U 버튼을 누른다.

(출처 : 저자 작성)

이렇게 하면 원하는 이미지를 더욱 다양하게 변형할 수 있는 새로운 방법을 활용할 수 있게 된다. 맨 위에 Vary(Strong)와 Vary(Subtle)이라는 버튼이 있는 것을 확인할 수 있을 것이다. 이것을 누르면, 이미지의 변형을 만들 수 있다.

(출처 : 저자 작성)

## Vary(Subtle)

(출처 : 저자 작성)

Vary(Strong)

(출처 : 저자 작성)

　Subtle과 Strong을 비교하면, Subtle의 경우 변형의 범위가 작고, Strong의 경우 변형의 범위가 큰 것을 알 수 있다.

　조금만 더 맞게 조정하고 싶을 때는 Subtle을, 같은 분위기지만 더 다른 이미지를 원할 때는 Strong을 사용해보면 좋을 것 같다. 이러한 기능은 사용자가 이미지를 더욱 세밀하게 조정하고 다양하게 만들 수 있도록 도와준다.'


## 3. Zoom Out 기능

　Zoom Out 기능을 사용하면 이미지의 내용은 거의 변하지 않지만, 시야를 넓힐 수 있다. 앵글을 넓히거나, 프레임을 확장하는 것

같은 느낌이 든다.

## 사용 방법

Zoom Out은 기본으로 1.5배와 2배가 준비되어 있다. 또한, 1~2배 사이에서는 사용자가 직접 Zoom Out 할 수 있다.

### Zoom Out 2x

(출처 : 저자 작성)

## Zoom Out 1.5x

(출처 : 저자 작성)

## Custom Zoom

(출처 : 저자 작성)

가장 오른쪽의 Custom Zoom을 클릭하면, 이런 화면이 나타난다. 그런 다음, '--zoom 2'라고 되어 있다면, 2의 부분을 1~2 사이에서 원하는 숫자로 변경한다.

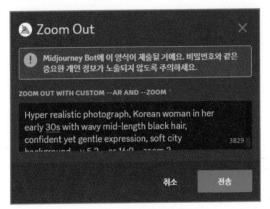

(출처 : www.midjourney.com)

(출처 : 저자 작성)

미드저니의 업데이트된 기능을 살펴봤다. 5.2버전, Zoom Out, Vary 등 사용하기 편해진 업데이트라고 생각한다.

# 일주일이면 나도 생성 AI 전문가

**제1판 1쇄** 2024년 1월 2일

**지은이** 장민, 최유미, 김도종, 민진홍
**펴낸이** 최경선 **펴낸곳** 매경출판(주)
**기획제작** ㈜두드림미디어
**책임편집** 이향선 **디자인** 얼앤똘비악earl_tolbiac@naver.com
**마케팅** 김성현, 한동우, 구민지

**매경출판㈜**
**등록** 2003년 4월 24일(No. 2-3759)
**주소** (04557) 서울시 중구 충무로 2(필동1가) 매일경제 별관 2층 매경출판㈜
**홈페이지** www.mkbook.co.kr
**전화** 02)333-3577
**이메일** dodreamedia@naver.com(원고 투고 및 출판 관련 문의)
**인쇄·제본** ㈜M-print 031)8071-0961
**ISBN** 979-11-6484-649-8 (03320)